문재인 포풀리즘

문재인 정권의 소득주도성장은
가능하지도 지속될 수도 없다.
우리 시대의 비전과 대안은
혁신주도성장을 통한
지속가능한 복지국가다.

목차

009　들어가며

023　**제1장. 문재인 정권 민주주의관 비판**
　　　: 국가주의 포퓰리즘 독재
　　　왜 국가주의 포퓰리즘 독재인가
　　　1. 문재인 정권의 인적 구성
　　　2. 국가주의의 실체
　　　3. 포퓰리즘의 실체
　　　4. 운동권 정치는 무엇이 문제인가
　　　5. 그리스행 급행열차를 멈춰 세우자

047　**제2장. 문재인 정권 경제관 비판**
　　　: 소득주도성장론의 허구성
　　　소득주도성장론이란 무엇인가
　　　1. 공공 일자리 확대
　　　2. 전면적인 정규직 전환
　　　3. 최고 수준의 최저임금 인상
　　　4. 임금 감소 없는 근로시간 단축
　　　5. 사회적 일자리 확대

6. 문재인 정권의 세제 개편안
7. 법인세 인상
8. 고소득층 소득세 인상
9. 전면적인 복지 확대

087 **제3장. 문재인 정권 안보관 비판**
: 이념적 반미주의, 낭만적 자주주의, 감성적 친중주의
안보의 본질, 현실 그리고 선택의 문제
1. 이념적 반미주의의 실체
2. 낭만적 자주주의의 실체
3. 감성적 친중주의의 실체
4. 북한의 절대무기에 대한 우리의 대응

109 **제4장. 문재인 정권 역사관 비판**
: 대한민국 현대사 부정, 단절적 역사 인식
대한민국 역사에 분노를 퍼붓는 역사 인식
1. 대한민국을 부정하는 집단신념
2. 왜 그들은 잘못된 집단신념을 버리지 못하는가
3. 대통령의 현대사 공격은 자기 부정
4. 70년대식 보수와 80년대식 진보의 데자뷰

127 **제5장. 바람직한 국가 개혁 방향 모색**
국가 개혁, 도전과 응전
1. 성공적인 응전 : 독일 하르츠 개혁, 프랑스 마크롱 개혁

2. 실패한 응전 : 그리스 포퓰리즘, 베네수엘라 국가자본주의
3. 대한민국의 응전 제안 : 변양균, 김병준, 김대호의 경우

155 **제6장. 나의 제언**
: 우리 시대의 비전과 국가개혁 방향
1. 우리 시대의 비전
(1) 우리 시대의 비전은 〈지속가능한 복지국가〉이다
(2) 우리 시대의 대안은 〈혁신주도성장론〉이다
(3) 70년대식 보수와 80년대식 진보를 넘어서야 한다
2. 국가 개혁 방향
(1) 노동시장 이중구조 개혁
(2) 사회안전망 재구축
(3) 국가 개혁 추진 방법론

177 **글을 맺으며**
: 문재인 정권의 폭주는 저지되어야 한다

181 **부록**
: 2017년 추경예산안 본회의 반대토론 전문

들어가며

나는 왜 이 글을 쓰는가

문재인 정권은 누구도 가보지 않고 아무것도 증명되지 않은 길로 치닫고 있다. 돌이키기에는 너무 큰 희생을 치러야 할, 아니 다시 돌이킬 수 없는 국가 정책들이, 야당의 무기력과 보수의 지리멸렬을 틈타 대중 동원의 열기 속에 마구 추진되고 있다.

그들은 국민의 지지로 정권을 잡았으니 자기들 뜻대로 하는 것이 뭐가 문제냐고 얘기한다. 지지율이 높으니 그게 국민의 뜻이고 그게 바로 민주주의라고 주장한다. 촛불로 집권했으니 자신들이 곧 정의라고 생각한다.

냉정히 보면 문재인 대통령은 41%의 득표로 당선된 대통령 이상도 이하도 아니다. 그는 국민의 뜻과 정의를 독점할 아무런 권한이 없다. 정의를 독점한다고 착각하는 순간, 지도자와 국가는 불행한 길로 들어서게 마련이다.

그럼에도 불구하고 문재인 정권은 자신들이 무조건 옳고 선하다고 주장한다. 그들은 지금 자신들의 정의와 이념을 실현하기 위해 대한민국을 거대한 〈국가주의 포퓰리즘 실험장〉으로 만들고 있다. 그리고 대한민국 국민을 집단적으로 〈국가주의 포퓰리즘 실험대상〉으로 삼고 있다.

고백하건대 나는 최순실 사태와 박근혜 대통령 탄핵을 거치며 지난 대선에서 보수가 집권해선 안 된다고 생각했다. 심지어 후보를 내는 것조차 국민에 대한 예의가 아니라고 생각했다. 그것이 바로 내가 탄핵 결정과 대선 과정에서 가급적 정치적 발언을 삼갔던 이유이다. 그러나 문재인 정권의 폭주를 지켜보면서 더 이상 침묵할 수 없다.

나는 이 글을 통해 이 정권의 실체를 밝히고 위험성을 경고하고자 한다.

보수 정치인으로서의 회한

내가 현실 정치를 시작한 2008년, 보수는 10년 만에 진보로부터 정권을 넘겨받았다. 이전 진보정권 10년 동안 대한민국은 엄청난 변화를 겪었다. 북한에 대한 전면적인 화해 교류 정책이 시행되었고, 사회 각 분야에 걸쳐 진보적인 정책들이 전방위적으로 추진되었다. IMF 사태 이후 경제 생태계에 급격한 변화가 생겼고 대한민국을 이끌어왔던 가치와 세력들에 대한 대대적인 교체 작업도 전개되었다.

나는 진보정권 10년간 한국 사회가 일면 긍정적으로 변화했다는 점을 인정한다. 권위적인 통치 체제는 완화되었고 사회 분위기도 개방적으로 바뀌었다.

그러나 그 사이 대한민국은 너무도 중요한 것을 놓치고 말았다. 식민지의 고통, 전쟁의 폐허를 뚫고 산업화와 민주화를 동시에 달성하여 선진국의 문턱까지 온 상황에서 선진국 진입을 위한 국가 개혁의 동력을 상실했다.

북한에 대한 화해 교류 정책은 겉으로는 한반도 평화 정착을 위한 유일한 길이라 포장되었지만, 결과는 우리의 생존을 위협하는 북한의 핵 개발로 되돌아왔다. IMF 사태는 극복되었고 경제 외형은 커졌지만, 양극화 심화와 저성장 고착화가 한국 경제의 모습이 되고 말았다. 사회 모든 분야에서 국민 참여라는 열기가 드높았지만, 편가르기와 갈등조정 능력 상실로 분열과 대립이 일상화되었다.

그중에서 가장 뼈아픈 대목은 노동시장 이중구조가 완고하게 자리 잡고 저성장 기조가 고착화되면서 양극화가 심화되었다는 점이다. 양극화 심화는 대한민국 사회를 더 큰 분열로 몰아넣었다. 국가적 활력은 급속히 떨어졌으며 세대 간·계층 간 갈등은 심화되었다.

결국 10년간의 진보정권은 2007년 대선에서 보수정당인 한나라당 이명박 후보가 압도적인 표차로 당선되면서 막을 내렸다.

나는 지난 2008년 다시 집권한 보수정권이 우리 사회의 근본 문제인 노동시장 이중구조를 개혁하고 저성장 기조를 타파하여 대한민국을 선진국으로 진입시킬 수 있을 것으로 확신했다. 같은 해 나이 갓 마흔 살에 국회의원이 된 나는 이러한 국가 개혁 작업에 참여하는 것을 정치적 소명으로 생각했고 나의 모든 것을 던지기로 다짐했다.

그러나 이명박 대통령과 박근혜 대통령의 9년 보수정권은 국가 개혁을 성공적으로 수행하지 못했다. 그 결과 대한민국은 여전히 선진국의 문턱을 넘지 못하고 있다. 아니 선진국과 후발추격국의 사이에 끼어서 옴짝달싹 못하는 샌드위치 신세를 면치 못하고 있다. 이대로 가다간 후발추격국에 밀려 선진국은커녕 나락으로 떨어지고 말 것이다.

그리고 오늘 무기력한 야당과 분열된 보수는 9년 만에 정권을 넘겨받은 문재인 정권의 폭주를 속수무책으로 지켜보고 있다.

나는 지금 깊은 고민에 빠져 있다. 문재인 정권의 폭주 앞에 정치인으로서 무엇을 해야 하는가.

왜 보수정권의 국가 개혁은 성공하지 못했는가

　공자가 말하길 나라의 근본, 즉 입국立國의 세 가지 요소는 병兵, 식食, 신信이고 그중 으뜸은 '신'이라 했다. 백성의 믿음이 없으면 나라도 없다. 위정자와 백성 간에 믿음이 모든 것의 으뜸이다.
　예나 지금이나 정치에 있어 가장 중요한 것은 믿음이다. 즉 국민의 지지이다. 국민의 지지는 정권이 행사하는 지배에 정당성을 담보하고 정권이 추진하는 정책에 동력을 제공한다. 혹자는 국민의 지지를 여론과 혼동하여 그것은 늘 변하는 바람 같은 것이니 거기에 얽매이면 안 된다고 비판한다. 그러나 왕조 시대에도 백성의 믿음이 가장 중요하다고 했거늘, 민주주의 시대에 국민의 동의와 지지만큼 중요한 것이 있을 수 없다.
　온갖 사술적邪術的 프레임에 의한 여론 왜곡을 간파하고, 무수히 명멸하는 여론 가운데 진정으로 국민의 뜻이 무엇인지 확인하고 지지를 얻어내는 것이 정치의 시작이다. 이를 기반으로 시대의 진정한 소명을 찾아 국가적 과제를 설정하고 지지를 모으고 반대를 극복하여 끝내 국가적 과업을 이루는 것이 정치의 본령이다.

　나는 지금 이 순간에도 지난 9년간 보수정권이 설정하고 추진해왔던 국가 개혁의 문제의식과 방향에 대해 대체로 동의하고 지지한다. 인위적 계획보다는 시장이 합리적이고, 국가보다는 민간이 효율적이며, 역사 인식은 단절이 아니라 연속적이어야 하고, 안보는 낭만적인 자주가 아니라 이성적인 동맹이 현실적이라는 믿음 때문이다.

그러나 사회 각 분야에 만연한 양극화로 인해 현실은 늘 팍팍하고 미래는 온통 불투명하다. 이럴 때일수록 정치는 필사적으로 국민 속으로 들어가야 한다. 국민의 고통을 살펴 그 처지를 공감해야 한다. 끊임없는 대화와 설득으로 대증對症 요법과 극약 처방을 피하고 진정으로 국민과 나라에 도움이 되는 국정 방향과 정책 과제들에 대해 동의와 지지를 얻어내야 한다. 이럴 때만이 진정으로 민의에 기반한 정치가 가능하다.

그렇다면 지난 9년간 보수정권은 어떻게 정치를 해왔는가. 문재인 정권의 폭주 앞에서 그간 보수가 해왔던 정치를 생각해 보면 무참해질 수밖에 없다.

9년 전 나라가 이렇게 가서는 안 된다고, 그래서 나라를 한번 제대로 이끌어 보겠다고 집권했던 보수정권은 국민의 동의와 지지를 받는 정치를 하지 못했다. 결국 다시 정권을 빼앗기고 말았다. 보수정권의 국가 개혁 좌초는 정치의 실패에서 출발하고 정치의 실패로 끝을 맺은 것이다.

그렇다면 보수정권은 어떻게 정치에서 실패했으며, 그 근본 원인은 무엇인가.

왜 나는 박근혜 대통령 탄핵에 찬성했는가

　나는 대학 시절 학생운동권 세력의 논리와 주장에 선뜻 동의할 수 없었다. 내가 선택한 것은 주류 운동권과 뜻과 방향을 달리했던 민중당과 경실련이었다. 민중당 창당 주역인 장기표 선생의 국회의원 선거에 자원봉사자로 참여했다. 경실련 대학생회 활동에 참여하여 새로운 학생운동을 모색했다.
　사회에 나와서는 김영삼 정권의 최말단에 자리를 얻어 군사정권의 권위주의적 통치 체제를 해체하는 문민개혁에 참여했다. 그리고 중소벤처기업에 들어가 경제 현장을 뛰며 시장경제 메커니즘을 체득했다.
　이러한 일련의 과정을 거치며 한국 사회의 구조와 문제들을 인식했고 바람직한 해결 방향과 구체적 실천 방안을 고민하였다. 2008년 보수정당인 한나라당의 공천을 받아 국회의원에 당선된 후, 10년 만에 정권을 찾은 보수정권이 대한민국을 명실상부한 선진국으로 만드는 데 미력이나마 기여하고 싶었다.
　그러나 상황은 내 바람처럼 굴러가지 않았다. 보수정권을 향한 국민의 동의와 지지는 제대로 모아지지 않았고 국정은 원활하게 돌아가지 못했다. 국가 개혁 작업은 난관에 부딪혔고 결국에는 좌초 지경에 이르렀다.

보수정권이 제대로 된 국민의 동의와 지지를 받지 못한 이유는 무엇인가. 여러 가지가 있겠지만 내가 생각하기엔 정권 스스로 자초한 지배 정당성 훼손이 가장 큰 이유였다.

나는 정권 성공의 첩경은 정책의 유능함보다 정치의 유능함에 있다고 생각한다. 유능한 정책을 추진하려면 국민의 동의와 지지를 이끌어내는 유능한 정치가 필요하다.

그러나 이명박 정권과 박근혜 정권에서는 권력 사유화 논란이 끊이질 않았다. 이 때문에 일반 국민은 물론 보수 진영 내에서도 충분한 동의와 지지를 이끌어내지 못했다. '권력 사유화'는 절대권력 대통령부터 무소불위 2인자와 호가호위 친위부대에 이르기까지 다양한 양태로 나타났다. 이로써 보수정권의 지배 정당성은 약화되어 갔다. 불신은 팽배했고 때론 희화화되었고 심지어 조롱의 대상이 되었다.

나는 보수정권이 유능한 정치를 통해 국민의 동의와 지지를 받기를 간절히 바랐다. 미력이나마 내가 할 수 있는 역할을 찾고자 했다. 보수정권이 추진하는 정책에 대해서는 앞장서서 옹호했다. 그러나 보수정권은 국민에게 유능한 정치를 보여주지 못했다. 야당의 격렬한 반대에 제대로 대처하지 못했다. 권력 핵심에서 권력 사유화 논란이 이어지면서 보수진영 내부는 분열로 치달았다. 나는 큰 혼란에 빠졌다. 이런 상황에서 과연 무엇을 해야 하는지 고민했다. 결국 나는 보수 집권 9년 내내 대통령을 비판하고 권력 2인자 퇴진을 외치고 호가호위 친위부대와 끊임없이 부딪혔다. 혼자 고립되기 일쑤였고 때로는 정치 생명이 끝장날 순간에 처하기도 했다.

박근혜 대통령 임기가 4년 차에 접어들면서 보수정권은 돌아올 수 없는 자멸의 길로 들어섰다. 집권여당인 새누리당 원내대표 축출, 총선 살생부 공천 파동, 내가 위원장으로 내정되었던 당 혁신위원회 거부, 비상대책위원회 와해 등 일련의 사태들은 박근혜 정권 스스로 기사회생의 기회를 걷어찬 것이었다.

특히 최순실 사태에서 박근혜 대통령과 친박 세력이 보여준 행태는 보수정권이 더 이상 존립할 명분을 잃게 만들었다. 나는 정권을 넘어 나라가 위태로운 상황에서 사태를 해결할 유일한 길은 헌법에 따른 탄핵 절차를 진행하는 것밖에 없다고 생각했다. 그러나 새누리당은 머뭇거렸고 사태는 걷잡을 수 없이 악화되었다. 나는 결국 선도 탈당을 선택했다. 뒤이어 29명의 의원들이 탈당했다. 대통령 탄핵을 위해 여당 의원들이 집단 탈당한 것은 헌정사 초유의 일이었다. 이 과정에서 보수 세력의 적통을 이어온 새누리당이 분당됐다. 그리고 지금 나는 보수 분열로 탄생한 바른정당에 속해 있다.

문재인 정권의 폭주 앞에 야당의 무기력과 보수의 분열은 뼈아프다. 경위야 어찌되었건 나 또한 문재인 정권의 폭주에 책임을 면할 길이 없다.

문재인 정권은 국가주의 포퓰리즘 독재다

신탁神託이란 신이 불가사의한 꿈이나 신빙神憑 등을 통해 그 의지를 인간에게 전달하는 것이다. 신탁을 확정하고 해석하는 주체는 극소수의 선택받은 자이다.

문재인 정권 핵심 세력들은 자신의 정부를 촛불 정부라 부른다. 문재인 정권에게 신탁은 촛불의 명령이다. 촛불의 명령을 확정하고 해석하는 주체는 오로지 자신들뿐이라고 확신한다. 문재인 정권은 국정 기조를 촛불의 명령이라고 규정한다. 따라서 국정 기조는 의심받거나 훼손되어선 안 된다고 주장한다. 착각은 자유지만 이런 아전인수我田引水가 없다.

촛불 민심이 무엇인가. 박근혜 전 대통령이 헌법을 유린하고 국민 신뢰를 저버려 이를 바로잡고자 국민이 일어선 것이다. 국민은 오직 헌법 질서에 따라 탄핵 절차 진행을 명령하였다. 이로 인해 조기 대선이 실시되었다. 그 결과 문재인 후보가 대통령으로 당선되었다. 그러나 문재인 대통령은 대선에서 41% 지지율로 당선된 대통령일 뿐 그 이상도 그 이하도 아니다. 문 대통령과 정권 핵심이 무엇이라도 해도 좋다는 '신탁'을 받은 것은 아니다.

나는 문재인 정권을 〈국가주의 포퓰리즘 독재〉로 규정한다.

문재인 정권의 국정 기조는 자신들의 머릿속에 있는 선험적 지식을 현실에서 구현하기 위해 국가가 주체가 되어 모든 것을 집행하는 '국가주의'이다. '내 삶을 책임지는 국가'를 표방한 채 시장경제를 부정하고 오로지 권력을 통해 경제, 사회, 교육, 문화 등 모든 분야를 좌우하려고 한다.

또한 문재인 정권의 국정 운영은 자유민주주의 기본 원리를 무시하고 대중 동원을 통해 자신의 뜻을 관철하는 '포퓰리즘 독재'이다. 대의기구, 행정조직, 전문가 집단, 언론 등 자유민주주의 핵심 기구의 존재 이유를 부정하고 대중 동원을 근간으로 국가주의 정책을 밀어붙이려고 한다.

더 이상 문재인 정권의 위험천만한 시도를 방치할 수 없다.

나는 대한민국의 헌법 가치인 자유민주주의와 시장경제에 대한 나의 신념을 확인하면서 문재인 정권의 실체를 밝히고 국가주의 포퓰리즘 정책을 비판하겠다.

아울러 전 세계적으로 국가 개혁에 나서고 있는 나라들의 성공과 실패 사례를 살펴보고 우리나라의 뜻있는 전문가들의 국가 개혁 제언을 들어 바람직한 국가 개혁 방향을 모색해 보겠다.

끝으로 내가 생각하는 대한민국 국가 개혁의 비전과 방안을 제시하겠다.

문재인 정권은 각종 국가주의 포퓰리즘 법률과 정책을 이번 정기국회 중에 처리하려 할 것이다. 따라서 정기국회는 문재인 정권 국가주의 포퓰리즘 독재 저지의 분수령이 될 것이다.

야당은 서로의 차이를 접고 국가주의 포퓰리즘 독재 저지에 함께 대응해야 할 때이다. 그것이 이 시대에 정치하는 자의 소명이며, 국민의 뜻을 받드는 길이라 믿어 의심치 않는다.

제1장

문재인 정권 민주주의관 비판
: 국가주의 포퓰리즘

왜 국가주의 포퓰리즘 독재인가

　문재인 정권은 국가주의 포퓰리즘 독재로 치닫고 있다. 그러나 이런 국가주의 포퓰리즘의 실체에 대한 분명한 문제의식도 없고 뚜렷한 제어 수단도 없는 상황이다. 지금 대한민국은 그간 어렵게 가꿔온 시장경제와 자유민주주의가 심각하게 훼손될 처지에 놓여 있다.
　비정규직이 문제이니 정규직화하라. 핵 없는 세상이 좋으니 원전을 없애라. 최저임금이 낮으니 대폭 올려라. 기업 소득 비중보다 가계 소득 비중이 적으니 늘려라. 문재인 정권이 출범 초기 쏟아낸 메가톤급 정책들이다. 이것들은 국가의 미래에 중대한 영향을 미치는 것들이다. 일단 실행되고 나면 돌이키기엔 너무 큰 희생을 치르거나 아예 돌이킬 수 없다.

　국가주의란 무엇인가. 국가주의란 자신들의 머릿속에 있는 선험적 지식을 현실에서 구현하기 위해 시장을 무시하고 국가가 모든 것을 좌우하겠다는 주의·주장이다. 이를 위해 국가의 강권력(규제, 처벌), 예산, 관료, 공기업, 정치권력이 총동원된다. 문재인 정권은 '내 삶을 책임지는 국가'를 표방하며 아예 국가주의를 노골적으로 내세운다. 이런 국가에서는 자유민주주의의 핵심 가치인 개인의 자유가 침해될 수밖에 없다. 더구나 국민 모두를 책임진다는 것은 결국 국민 누구도 책임져주지 못하는 결과로 귀착된다는 것은 이미 역사가 증명한 바이다.

문재인 대통령은 취임 사흘 만에 인천공항을 방문했다. 여기에서 1만여 명에 달하는 공공부문 비정규직을 정규직으로 전환하겠다는 방침을 천명했다. 연이어 탈원전 정책을 필두로 전면적인 최저임금 인상, 법인세와 고소득층 소득세 인상, 임금 감소 없는 근로시간 단축 방침이 발표되었다.

물론 이 정책들은 문재인 후보의 공약이었다. 그러나 모든 공약이 그대로 정책화된다면 망하지 않을 나라가 없다. 그만큼 후보의 공약과 대통령의 정책은 전혀 차원이 다르다. 따라서 집권 후 주요 공약이 정책화되기 위해서는 대의기구, 행정조직, 전문가 집단, 언론 등에 의해 실행 가능성과 그 효과를 면밀하게 검증받아야 한다. 바로 이런 절차가 정상적인 국정이다. 이를 통해 정책은 더욱 정교해지고 광범위한 국민적 동의를 확보하게 된다.

그럼에도 불구하고 문재인 정권은 국가 정책들을 일방적으로 추진하고 있다. 그들은 권력이 모든 것을 재단할 수 있다고 생각한다. 일시적으로는 권력이 시장과 사회를 좌우할 수도 있다. 그러나 지속될 수 없다. 지속된다면 시장경제 매커니즘과 자유민주주의 시스템은 망가지고 말 것이다. 우리는 이것이 가져오는 결과를 역사를 통해 이미 잘 알고 있다.

정책이란 얼마나 정교한 수단을 갖느냐가 생명이다. 그럼에도 문재인 정권의 정책에는 목표만 있고 수단이 부재하다. 이들에게 목표를 달성할 수단은 바로 권력의 힘이다.

또한 그들은 '선한' 일 자체가 개혁이라고 착각한다. 그러나 개혁이란 선한 일을 '어떻게 효과적으로 하느냐'이다.

포퓰리즘이란 무엇인가. 포퓰리즘이란 대중영합적인 정책을 지렛대로 대중을 동원하여 대의민주주의를 무력화시키는 정치 행태이다. 대의기구를 무력화시킨다는 점에서 포퓰리즘은 독재로 흐를 수밖에 없다. 그리하여 포퓰리즘과 독재는 늘 붙어 다닌다. 문재인 정권이 출범하자마자 내놓은 정책들은 대부분 포퓰리즘적 성격을 지녔다.

공공부문 비정규직의 정규직 전환, 최고 수준의 최저임금 인상, 임금 감소 없는 근로시간 단축, 법인세 및 고소득층 소득세 인상 등은 물론 탈원전과 통신기본료 폐지는 대중을 환심을 사기에 더없이 좋은 포퓰리즘의 재료이다.

지금 문재인 정권의 힘은 거칠 것이 없어 보인다. 그러나 21세기 대한민국에서 시장을 권력으로 좌우할 수 있다고 믿는 것은 환상이다. 시장에 반한 정책들은 반드시 시장의 복수를 불러

온다. 이때 정권의 인기가 다소 떨어지더라도 이를 감수하고 정책을 수정하거나 폐기하는 것이 옳다. 그러나 문재인 정권은 자신의 과오를 인정하기보다 시장의 '사악함'을 성토하며 대중동원에 의존하려고 할 가능성이 커 보인다.

실제로 문재인 정권은 촛불 정권임을 자임하고 있다. 7월 19일 발표된 '국정 운영 5개년 계획'을 보면 그들은 '국민 개개인이 주권자이고, 내가 만들고 스스로 결정하는 정책'을 추구한다고 천명했다. 거기에 촛불에서 표출된 민의를 어떻게 제도화한다는 말은 찾을 수 없다. '촛불 민주주의'라는 수사修辭만 앞세울 뿐 대의기구, 행정조직, 전문가 집단, 언론 기능은 외면하고 있다.

이런 인식은 당장 탈원전 논란으로 표출되고 있다. 탈원전 결정을 국민배심원단이 결정한다는 것이다. 공론조사든 배심원단이든 국민의 의견을 물어볼 수는 있다. 그러나 모든 국민과 미래 세대와 관련된 국책 사업의 존폐를 오로지 '그것만'으로 결정한다는 것은 부적절한 것을 넘어 무책임한 처사다. 그렇다면 대의기구, 행정조직, 전문가 집단, 언론 등의 역할은 무엇인가. 이는 국가 기능에 대한 부정이나 다름없다.

직접민주주의는 고대 그리스를 원형으로 한다. 그러나 그리스의 직접민주주의는 노예 제도에 바탕을 둔 자유민들만의 제도였다. 지금 우리나라 인구는 5000만 명에 달한다. 따라서 '국민

개개인의 국정 전 과정 참여'(국정 운영 5개년 계획)는 허구이다. 현실적으로 포퓰리즘은 '동원된' 일부를 기반으로 할 수 밖에 없다.

　이처럼 대통령, 정권 핵심 세력 그리고 '동원된' 일부가 국가의 중대 정책을 좌우하겠다는 것이 바로 국가주의이고 포퓰리즘이다. 국가주의는 시장경제를 망가뜨리고 포퓰리즘은 자유민주주의의 요체인 대의기구, 행정조직, 전문가 집단, 언론 기능을 무력화시킨다.

　새 대통령이 전임 대통령과 다른 소탈한 행보를 보이면서 국민의 박수를 받고 있는 사이에 문재인 정권은 나라를 전인미답前人未踏의 불확실한 길로 이끌고 있다.

1. 문재인 정권의 인적 구성

흔히 인사가 만사라는 말이 있다. 정권의 성격이나 특징은 인사에 반영된다. 동서고금을 막론하고 인사가 망사亡事가 되는 경우는 많았다.

문재인 대통령은 후보 시절 보수정권의 인사 난맥상을 비판하며 '인사(배제) 5원칙'을 천명했다. 그러나 그가 내정한 각료 후보자는 보수정권의 그것과 다르지 않았다. 인사 5원칙에 전부 부합하는 인사는 하나도 없을 지경이었다. 거의 후보자에게서 두세 가지 위배 사실이 드러났다.

문재인 대통령은 이런 후보자들을 결국 다 임명했다. 만약 그들이 청문을 하는 입장이었으면 이런 상황을 용납하지 않았을 것이다. 과거 정권에서도 상황은 비슷했다고 강변하기도 했다. 그렇다면 자신들도 똑같다고 고개를 숙여야마땅한 일이 아닌가. 입으로는 다르다고 하면서 하는 일은 똑같다. 이런 '내로남불'이 없다.

인사청문회에 국민의 시선이 쏠린 사이에 이뤄진 청와대 참모 인사는 별로 주목을 끌지 못했다. 청와대 인사에는 대통령의 의중이 고스란히 담겨 있고 이로써 대통령의 통치 방향이 더욱 분명히 드러난다. 주지하다시피 청와대 인사는 인사청문회가 없다.

문재인 대통령의 청와대 인사를 살펴보자. 임종석 실장은 전

대협 의장 출신이고, 실세 비서관인 윤건영 국정상황실장은 국민대 학생회장 출신이다. 송인배 제1부속실장, 유송화 제2부속실장, 백원우 민정비서관, 한병도 정무비서관, 진성준 정무기획비서관, 김금옥 시민사회비서관, 권혁기 춘추관장, 문대림 제도개선비서관 등은 모두 대학의 학생회장 출신이다. 그밖에도 학생운동, 노동운동, 시민운동 출신들이 곳곳에 포진해 있다. 청와대 안에 80년대 운동권 동문회관이 있는 셈이다.

문재인 대통령은 이처럼 청와대 참모진을 80년대 운동권 출신으로 상당수 채웠다. 그 조직이 어떤 조직이든 간에 동류 집단으로 참모진을 구성하는 것은 바람직하지 않다. 동류 집단은 자신들도 모르는 사이에 '집단사고의 오류'를 범하게 된다. 생각의 근친 교배가 되풀이되어 새로운 발상을 가로막고 혁신을 저해한다. 선후배로 똘똘 뭉쳐 외부를 향해 배타적인 장막을 드리우기 마련이다.

내각은 대통령의 생각에 영향을 미치기보다 대체로 대통령의 생각을 집행하는 곳이다. 대통령의 생각에 주로 영향을 미치는 것은 대통령을 둘러싼 청와대 참모들이다. 이로 미루어 볼 때 문재인 대통령의 청와대 인사는 의미심장하다. 그것은 대통령 자신이 그들과 생각이나 가치를 공유한다는 시그널이다.

청와대뿐만 아니라 내각 및 내각의 보좌진에도 학생운동권과 시민단체 출신이 다수 포진해 있다. 또한 집권여당을 이끄는 핵심 실세 대부분도 운동권 출신이다. 어찌 보면 문재인 정권은 청와대·정부·당에 걸쳐 운동권 출신이 주도하는 정권이라 해도 과언이 아니다.

문재인 대통령을 오랫동안 경험했던 사람들은 그를 뚜렷한 주견主見을 가진 선도형 리더라기보다는 다른 사람들의 말을 경청하는 숙고형 리더라고 평한다. 이러한 대통령의 개인적 특성에 비추어 본다면 청와대 인사는 결코 예사롭지 않다. 문재인 정권이 운동권 논리에 좌우될 것이라는 우려는 괜한 것이 아니다. 실제로 취임 직후 드러난 대통령의 행보는 그런 우려가 잘못된 것이 아님을 잘 보여주고 있다.

2. 국가주의의 실체

　과거 80년대 운동권은 조직의 중앙(권력 핵심)이 기층(대중)을 지도하면서 목적(혁명) 달성을 주도해야 한다는 사고를 가졌다. 중앙은 언제나 옳고 선하며 중앙의 뜻이 기층의 뜻이라는 것이다. 따라서 조직 구성원과 기층은 중앙을 무조건적으로 따라야 한다는 것이 운동권 논리의 요체이다.
　문재인 정권의 운동권 출신 핵심 세력은 이런 사고의 잔상을 가지고 있는 사람들이다. 이들이 대통령을 최측근에서 보좌하면서 국가 정책을 좌지우지하고 있다.
　그들은 스스로를 옳고 선하다고 생각한다. 그들의 머릿속에 있는 선험적 지식은 완벽하다고 생각한다. 차별 없는 노동, 핵 없는 세상 등은 옳고 선한 목표이다. 국가 권력의 핵심에 들어간 그들은 옳고 선한 세상 만들기를 열망한다. 권력이 신념과 합쳐지면 못할 것이 없다. 문재인 대통령은 취임하자마자 차별 없는 노동과 핵 없는 세상을 향한 정책들을 내놨다.

　과거 운동권 출신들은 목적을 설정하고 이를 선전할 슬로건을 만드는 일에 매진해왔지만, 목적을 실현시킬 수단에 대해서는 그다지 고민하지 않았다. 다만 권력을 차지하기 위한 투쟁에 골몰했다. 왜냐하면 이들에게 목적을 달성할 수단은 곧 권력이라 생각했기 때문이다.

　차별 없는 노동이나 핵 없는 세상은 목적이지 결코 수단이 아니다. 국가 정책의 본령은 수단을 가지고 씨름하는 분야이다. 수단에는 반드시 책임이 따른다. 그러나 그들은 자신들의 목표를 달성하기 위한 권력 쟁취에는 열심이지만 수단에 따르는 책임의 무게는 그다지 느끼지 않는다.

　앞으로도 그들은 자신들이 옳고 선하다고 믿는 목표들을 국가 정책으로 내놓을 것이다.

　당장 문재인 정권이 제시하는 소득주도성장론을 간략하게 살펴보자(이는 이 책 2부에서 자세히 살펴볼 것이다).

　국가 총소득 중에 기업 소득 비중보다 가계 소득 비중이 낮다, 그러니 가계 소득을 늘려 주자, 그러면 소비가 늘어나고, 그러면 기업 생산이 늘어나고, 그러면 고용이 늘어나고, 그러면 경기가 선순환하여 경제가 좋아질 것이라는 것이 소득주도성장론의 기본 논리이다. 경제가 이렇게 간단하다면 고민할 이유가 없다.

　유감스럽게도 소득주도성장론은 우리나라 현실상 실현 가능성이 희박한 탁상공론이다. 이는 단지 선험적 지식에 불과하다. 그러나 그들은 이를 우리나라 경제 정책의 근간으로 삼으려 하고 있다. 그들의 담론에는 키우고 늘리자는 말은 없고 나누고 쓰자는 말만 있다. 애초에 그들은 세상을 키우고 늘려본 적이 한 번도 없기 때문인지 모른다.

　지금 문제인 정권의 핵심 세력은 조직의 중앙인 국가 권력이 나라의 모든 것을 좌우해야 한다는 사고, 자신의 선험적 지식이 옳다는 원시적 신탁, 그리고 현실적으로 그들에게 주어진 국가 권력이라는 3요소로 무장되어 있다. 이로 말미암아 문제인 정권은 국가주의의 조건을 완전하게 갖췄다. 실제로 집권 초반 흐름을 보면 그런 우려는 하나하나 현실이 되고 있다.

　혹자는 과거 개발시대 정권도 국가주의가 아니냐고 반문할지 모른다. 그러나 그 시대의 '국가주도주의'와 문제인 정권의 '국가주의'는 전혀 다르다. 그 차이점을 분명히 인식하는 것도 문제인 정권의 특성을 이해하는 데 큰 도움이 될 것이다.

　과거 개발시대의 국가주도주의는 일종의 발전 전략이었다. 민간부문의 제반 수준이 낮았기 때문에 불가피하게 엘리트 관료들이 전면에 나섰다. 경제기획원이 중심이 되어 국가발전계획을 수립하고 청와대와 정부 모든 부처가 이를 집행하였다. 그것은 지금 시대에는 맞지 않지만 당시에는 '선택적 전략'이었다고 볼 수 있다.

　이에 반해 문재인 정권의 국가주의는 선택적 전략과는 거리가 멀다. 정권 핵심 세력이 모든 국가 기구와 국가 자원을 동원하여 자신들의 국가 정책을 추진하겠다고 나서고 있다. 이것은 그들의 신념의 발로이다. 이러한 논의에서 시장과 자유민주주의 핵심 기구는 보이지 않고 완장을 찬 권력만 분주하다.

　국가주의는 시장경제를 망가뜨리고 자유민주주의의 핵심 기구들을 무력화시킨다. 그러나 시장과 함께하지 않은 정책은 언젠가 시장의 청구서를 받게 된다. 그때 또다시 더 큰 권력으로 청구서를 내치면 청구액은 점점 늘어만 가다 결국 파산통지서를 받게 될 것이 자명하다.

3. 포퓰리즘의 실체

지금 대한민국 경제는 60, 70년대와 전혀 다르다. 양적으로나 질적으로 비약적으로 발전했다. 그때와는 생존 논리나 발전 전략이 천양지차다. 국가나 정권이 경제를 좌우할 수 있는 시대는 끝났다. 이제 한국 경제의 사활은 '고유의 논리'와 '국제 환경'으로 구성된 '시장'에 달려 있다.

시장은 냉정하다. 옳고 그름이 없다. 동기가 선한 정책이라고 해서 특별히 배려해주지 않는다. 오로지 자신의 작동 원리에 맞아야 받아들이고 키워준다. 시장을 거슬러 권력이 강제한 정책은 시장에서 성공할 수 없다.

문재인 정권 핵심 세력은 시장을 의심의 눈초리로 보고 그 힘을 과소평가하고 있으며 나아가 무시하고 한다. 시장을 가진 자들에게만 봉사하는 타락한 괴물쯤으로 여기는 듯하다. 따라서 선한 의지를 가진 권력이 시장을 새롭게 바꾸어야 한다고 생각한다.

그러나 그들은 시장을 제대로 상대해 본 적 없다. 시장에서 숱한 경쟁을 뚫고 생존해 본 경험이 없다. 지금 이 순간에도 시장에서 살아남기 위해 노력을 거듭하는 시장 참가자들의 노력을 이해해 본 적이 없다. 다만 자신의 선한 의지와 선험적 지식만으로 시장을 부정적으로 바라본다.

정권이 시장을 공격하면 시장은 반드시 답한다. 그리고 냉정하게 대가를 요구한다. 시장의 반격으로 권력은 손상을 입는다. 이때 정권이 기댈 곳은 대중이고 핵심 지지층이다. 우리는 우리나라뿐만 아니라 세계의 역사에서 시장의 반격과 정권의 대응 그리고 그 결과를 잘 지켜보았다.

마찬가지다. 문재인 정권의 국가 정책들이 시행되면 조만간 시장은 답할 것이다. 그리고 냉정하게 대가를 요구할 것이다. 이때 문재인 정권 핵심 세력이 어떻게 대응할지 궁금하다. 문재인 정권은 자신들을 촛불 정부라 규정하고 있다. 아마도 핵심 지지층과 대중을 광장으로 불러내게 될 것이다.

지금 문재인 정권은 동시다발적으로 포퓰리즘 정책을 쏟아내고 있다. 집권 초기에 국민적 지지가 높을 때 대부분의 정책을 관철해내야 한다는 강박이 있다. 그리고 노무현 전 대통령 시절 때의 경험을 반면교사로 삼고 있는 듯하다.

포퓰리즘 정책은 그 자체로서 대중 영합적 성격을 갖는 동시에 대중을 동원해야만 관철될 수 있는 속성을 지닌다.

문재인 정권은 숨 돌릴 새도 없이 공공일자리 확대, 전면적인 비정규직의 정규직 전환, 최고 수준의 최저임금 인상, 임금 감소 없는 근로시간 단축, 사회적 일자리 확대, 부자 증세, 대폭적인 건강보험 보장 확대 등을 동시다발적으로 추진하면서 대대적인 대중 동원의 태세를 갖췄다. 정책들이 전방위에 걸쳐 있기 때문에 대중 동원도 전방위적으로 벌어질 상황이다.

이제 시장의 반격과 야당 및 국민의 반발이 본격화되면 문재인 정권도 즉각적으로 대응할 것이다. 민노총, 전교조, 재야 단체 등 핵심 지지층을 앞세우며 본격적으로 대중 동원에 나설 것이다. 그들은 그들의 '옳고 선한 의지'를 광장의 기억에서 추출된 신탁神託으로 규정하고 '대중이 옳다, 촛불의 뜻이다'라고 주장할 것이다. 문재인 정권이 추진하는 국가 정책에 반대하는 것은 촛불 정신에 대한 도전이라고 주장할 것이다.

이미 그들은 촛불 정신을 들어 대중을 동원할 준비를 하고 있다. 촛불 정신을 어떻게 제도로 정착시켜 민주주의를 공고히 하겠다는 말은 들리지 않는다.

사실 촛불은 헌법을 지키고 권력을 자의적으로 쓰지 말라는 국민적 명령이다. 그러나 문재인 정권은 이런 촛불 정신을 마치 자신의 전유물로 독점했다. 제대로 된 권력자라면 자신도 촛불에 탈 수 있다는 겸손함을 보여야 마땅하다. '촛불은 우리 것'이라는 생각은 오만하다. 그것은 온 국민의 것이다.

머지않아 시장의 반격과 정권의 대응이 시작될 것이다. 시장에 대해 권력과 동원된 대중이 대결되면 결국 시장경제는 망가지게 될 것이다. 이런 가운데 대의기구, 행정조직, 전문가 집단, 언론 기능 등 자유민주주의 핵심 기구는 작동을 멈추고 오로지 광장 정치가 대한민국을 끌고 가게 될지 모른다.

4. 운동권 정치는 무엇이 문제인가

앞서 지적했듯이 문재인 정권의 핵심 세력은 80년대 운동권 출신이라는 동류 집단이 주를 이룬다. 집단사고의 오류를 일으키고 쉽고 새로운 발상과 혁신을 가로막는다. 그러나 더 심각한 것은 그들의 대결적 사고방식이다. 그들은 '선한' 자신이 '악한' 상대를 타도해야 한다는 운동권적 사고가 몸에 밴 사람들이다.

그들은 정치를 타협과 조정의 기술이라 생각하지 않는다. 그들에게 반대 정파는 타협의 대상이 아니다. 오로지 제압이나 타도의 대상일 뿐이다. 그들이 말하는 협치는 자신들과 뿌리가 같거나 생각을 같이하는 일부 세력 등 동류들끼리의 협치이다.

무엇보다 가장 심각한 문제는 과연 그들이 지난날의 잘못된 사고와 완전히 결별했느냐는 점이다. 80년대 운동권 인사들은 한때 대한민국을 부정하고 공공연히 북한을 찬양했다. 그들은 대한민국의 정통성이 북한에 있다고까지 주장했다.

그간 세계적으로 소련을 비롯한 사회주의진영 국가들은 거의 다 무너졌다. 북한식 주체조선이 결코 우리의 대안이 될 수 없음은 명백해졌다. 국내적으로도 군정은 종식되었고 평화적인 정권 교체 전통이 확립되었다. 이런 상황에서 아직도 사회주의 혁명이나 주체조선을 현실적 목표로 삼는 사람은 없을 것이다. 하지만 우리는 정권 핵심에 있던 사람들이 매사에 운동권식 주장과 논리를 펴는 경우를 자주 보게 된다.

내가 과문한 탓인지 몰라도 과거 80년대 운동권 출신 중에 지난날에 대해 진지한 자기 성찰의 과정을 가졌다는 이야기를 들어 본 적이 거의 없다.

80년대 운동권 출신이라고 국정을 맡지 말라는 법은 없다. 그러나 국정을 책임지는 자리를 맡겠다면 적어도 대한민국을 부정하고 체제를 전복시키려 했던 지난날의 이념이나 가치와 확실하게 결별했음을 밝혀야 마땅하다.

진지한 자기 성찰과 고백은 없고 과거 운동권 경험을 온전히 민주화운동으로 포장하여 자신이 타도하려 했던 대한민국으로부터 보상을 받고 그 경력을 내세워 사회 각 분야에서 도덕적 우위를 점한 채 주도적 역할을 자임하고 있는 것이 사실 아닌가. 그들은 현실적으로 혁명과 체제 전복을 포기했을 것이다. 그러나 진지한 자기 성찰과 고백의 과정이 없었기에 여전히 잘못된 이념과 가치의 잔상이 강하게 남아 있을 것이다. 자기도 모르는 사이에 그 잔상의 포로가 되어 있을 수도 있다.

이런 추론은 문재인 정권의 정책과 핵심 세력의 행태를 볼 때 가히 틀리지 않은 것 같다. 지금 그들은 자신들의 '옳고 선한 의지'

를 담은 목표를 향해 국가주의 포퓰리즘 정책을 남발하고 있다.

5. 그리스행 급행열차를 멈춰 세우자

 문재인 대통령과 노무현 전 대통령은 사무실을 같이 운영한 동업 변호사 출신이다. 그런 두 사람이 앞서거니 뒤서거니 대통령이 되는 것은 확률적으로 거의 제로에 가깝다. 따라서 많은 사람들이 문재인 정권을 노무현 정권의 2기로 생각하기도 한다. '친문'과 '친노'를 동의어로 받아들이기도 한다.
 노무현 전 대통령은 임기 중에 자신의 오랜 소신에 반하여 한미 FTA를 체결하였다. 아프카니스탄에 자이툰 부대도 파병하고 제주 해군기지 건설도 결정했다. 그런데 현재 집권 세력 내에 그 결정에 흔쾌하게 동의했던 사람을 찾기 어렵다. 지금도 노 전 대통령이 '수구 세력에 속아서' 그런 결정을 한 것으로 본다고 한다. 아닌 게 아니라 그들은 끊임없이 한미 FTA개정을 주장했다. 이번에 트럼프의 화답(?)을 받아냈으니 어디 두고 볼 일이다.

 노무현 정권 시절 청와대 정책실장을 지낸 김병준 교수는 올 봄에 '친노와 친문은 다르다'는 칼럼을 발표한 적이 있다. 거기서 김 교수는 "현재 민주당에는 노무현이 설 자리가 없다"고 단언했다. 그는 노 전 대통령은 최소한 시장과 전문가 집단을 존중했으며 설득을 통해 국정을 끌고 가려고 했다고 한다. 반면 지금 문재인 대통령과 핵심 세력은 모든 것을 오로지 권력으로 해결하려하고 있다는 것이 김 교수의 암묵적 지적이다.

　노무현 전 대통령의 청와대에도 80년대 운동권 출신들이 있었다. 노 전 대통령은 이들의 의견을 경청했지만 필요할 때는 이들의 의견을 물리치고 전문 관료와 전문가 집단의 의견을 들어 자신의 뜻을 관철했다고 한다.

　지금 문재인 대통령 주변에는 청와대·정부·집권여당에 걸쳐 80년대 운동권 출신들에 대거 포진해 있다. 더구나 문재인 정권의 행보와 정책을 보면 거기에는 대통령 개인의 독자적인 목소리보다 80년대 운동권 집단의 가치와 철학이 집약된 목소리가 더 크게 담겨 있음을 알 수 있다.

　문재인 대통령은 이 정권이 촛불로 태어난 민주적 옥동자라고 생각할 것이다. 그러나 정작 자신은 80년대 운동권 출신 인사들로 둘러싸여 '제왕적' 대통령의 길로 들어선 건 아닌지 진지하게 돌아볼 일이다. 지금처럼 간다면 문재인 대통령은 역대 어느 대통령보다도 더 강력한 제왕적 대통령으로 기록될 것이다. 국가주의 포퓰리즘 독재의 속성상 이 정권의 대통령은 철저하게 '제왕적'일 수밖에 없기 때문이다.

　문재인 정권의 국가주의 포퓰리즘 정책은 대한민국을 그리스행 급행열차에 착착 태우고 있다. 시장경제를 망가뜨리고 자유 민주주의를 무력화시키는 그런 열차에 말이다. 그리스행 급행열차에서 내려 선진국행 급행열차를 갈아타기 위해선 무엇보다도 자신들만의 '옳고 선한 의지'를 내려놓고 자신들의 머릿속에 있는 '선험적 지식'의 한계를 인정해야 한다.

그러나 지금으로서 이러한 회심回心을 기대하기란 어려워 보인다. 이제 길은 문재인 정권의 폭주를 저지할 강력한 견제 장치를 만드는 것뿐이다.

제2장

문재인 정권 경제관 비판
: 소득주도성장론의 허구성

소득주도성장론이란 무엇인가

　문재인 정권은 한국 경제가 잘못 가고 있다고 규정하고 그 근본 원인을 기업 소득과 가계 소득의 불균형에서 찾는다. 국가 총소득 중 기업 소득 비중이 가계 소득 비중보다 큰 게 문제라는 것이다. 따라서 가계 소득 비중을 강제로 늘려야 한다고 주장한다. 이를 두 가지 차원에서 구현하려고 한다. 기업 소득을 가계 소득으로 이전시키고 한편으로 정부 소득을 가계 소득으로 이전시키는 것이다.

　문재인 정권의 소득주도성장론은 크게 두 개의 기둥으로 이루어져 있다. 일자리 만들기 기둥과 증세 기둥이다.

　일자리 만들기 기둥은 다섯 개의 가지로 구성된다. 공공 일자리 확대, 전면적인 비정규직의 정규직 전환, 최고 수준의 최저임금 인상, 임금 감소 없는 근로시간 단축, 사회적 일자리 확대다.

　증세 기둥은 세 개의 가지로 구성된다. 법인세 인상, 고소득층 소득세 인상, 전면적인 복지 확대로 구성된다.

　문재인 정권은 소득주도성장론의 두 가지 기둥, 여덟 개의 가지가 동시 다발적으로 집행되면 가계의 소득이 늘어난다고 주장한다. 가계의 소득이 늘어나면 소비가 늘어나고, 소비가 늘어나면 기업 생산이 확대되고, 기업 생산이 확대되면 고용이 늘어나

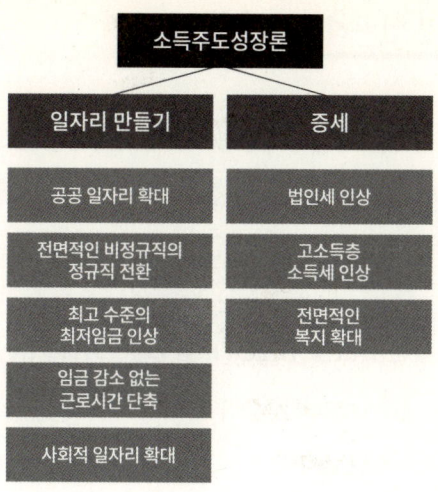

고, 고용이 늘어나면 다시 가계의 소득이 늘어난다고 주장한다. 이게 바로 소득주도를 통한 경제의 선순환 성장이라는 것이다. 과연 이게 가능한지 살펴보자.

1. 공공부문 일자리 확대

문재인 정권은 81만 개의 공공부문 일자리를 만들겠다고 한다. 복잡하게 얘기하지 말고 두 가지 차원으로 사안을 단순화시켜 살펴보자.

우선 재정 문제이다. 현재 공무원 숫자는 대략 100만 명, 직업군인 숫자는 대략 19만 명 정도다. 급여를 제외하고도 이들의 연금 때문에 국가가 부담해야 할 부채는 대략 750조 원으로 추산된다.

이런 상황에서 문재인 정권의 공언대로 공공부문 일자리 중 공무원 수를 17만 4000명 늘린다면 급여를 제외하고도 연금 때문에 국가가 부담해야 할 추가 부채는 대략 108조 원이나 된다.

현재의 공무원과 직업군인의 연금 관련 부채도 우리나라로서는 감당하기 어렵다. 박근혜 정권에서 공무원연금 개혁을 통해 부채 부담을 약간 줄이기는 했지만 이는 파국을 잠시 연기하였을 뿐 근본적 해결책이 아니다. 이런 상황에서 추가로 연금 관련 부채 부담을 늘린다는 것은 자살행위에 다름없다.

또한 17만 4000명의 공무원 이외 55만 6000명의 공공부문 종사자는 어떻게 하자는 것인지 알 수가 없다.

여기서 주목할 것은 공무원이 아닌 공공부문 종사자라고 해서 공무원과 별로 다르지 않다는 점이다. 문재인 정권은 비정규직을 정규직으로 전환하되 최우선적으로 공공부문부터 시행하겠다고 공언했다. 그렇다면 55만 6000명의 신규 공공부문 종사자들은 공무원과 똑같이 정년이 보장된다. 이렇게 되면 이들도 기존 종사자들과 마찬가지로 직급과 호봉을 요구할 것이며 이를 국가가 거부할 아무런 논리적 근거가 없다.

모든 세상일이 그렇듯이 나라 살림이 좋을 수만은 없다. 우리 스스로 통제할 수 없는 변수가 발생하여 급격한 재정 긴축과 구조조정이 필요할 상황이 올 수 있다. 2007년 전후 전 세계적인 원자재 가격 폭등, 2008년 글로벌 금융 위기 같은 경우다. 이럴 때 어찌할 것인가. 민간부문은 혹독한 구조 조정에 내몰릴 수밖에 없지만 공무원과 공공부문 종사자는 그저 '해당사항 없음'이다.

공공부문 축소가 얼마나 어려운 일인지는 혹독한 국가 구조조정을 진행하고 있는 나라들을 보면 알 수 있다. 심지어 지금은 문제없지만 불확실한 미래를 대비하여 언제라도 원활하게 공공부문 구조조정을 진행할 수 있도록 제도를 정비하는 나라들도 있다.

무분별한 공공부문 일자리 확충은 공공부문 종사자를 위하여 국민과 다음 세대가 모든 부담을 짊어지는 결과를 초래한다. 그 그림자는 향후 60년 이상 길게 드리워질 것이다.

물론 문재인 정권이 공약 실현을 위한 재원 대책을 내놓지 않은 것은 아니다. 국정기획자문위원회(위원장 김진표)는 이에 대한 해답으로 '재정 개혁을 통한 재원 조달'을 내놓았다. 세입확충으로 82조 6000억 원을, 세출 절감으로 95조 4000억 원을 확보하겠다고 한다.

그러나 문재인 정권 말고도 역대 어느 정부도 재정 개혁을 통한 재원 조달 방안을 내놓지 않은 적이 없었다. 소득주도성장론 자체가 꿈만 같은 얘기지만 이를 실현할 재원 조달 계획도 실현 가능성이 없어 보인다. 오죽하면 김부겸 행정자치부 장관이 이런 소리를 했겠는가 말이다.

"문재인 정부 5개년 100대 과제를 보니 무거운 짐이 주어졌다 느꼈다. 재정 당국에서 내놓은 재원 조달 방안은 석연치 않은 부분이 있다… 좀 더 정직하게 이야기해서 증세 문제에 대해 조심스럽게 이제는 국민에게 토론을 요청하는 것이 어떠냐."

문재인 정권 재정 당국의 얘기는 정직하지 못하다. 공공부문 일자리 81만 개를 만들려면 세금을 더 걷거나 국가 부채를 늘이거나 두 가지 방법밖에 없다. 세금을 더 걷으면 경제 침체라는 원치 않은 결과를 초래할 수 있다. 국가 부채를 늘이면 모든 부담은 다음 세대가 짊어지게 된다.

아닌 게 아니라 재정 당국은 증세안을 슬그머니 꺼내 들었다.

법인세를 인상하고 고소득층에 대해 증세하겠다는 것이다. 몰염치하고 무책임한 조치다.

2. 전면적인 정규직 전환

　문재인 정권은 공공부문 비정규직 제로화를 실현하겠다고 한다. 이는 '양극화 해소의 관건'이자 '인권의 문제'라고 말한다.
　문재인 정권의 전략은 분명하다. 정규직 전환을 공공부문부터 시작하여 민간부문으로 확대하겠다는 것이다. 비정규직 차별은 도덕적으로 나쁜 것이고 이제껏 해결하지 못한 것은 정부와 기업의 의지가 없었기 때문이라고 주장한다. 정부부터 의지를 보이면 민간도 따라올 수밖에 없을 것이라 주장한다.
　비정규직 문제 해결은 결코 '당위'와 '의지'로 해결할 수 없다. 정말 대한민국의 역대 정부와 기업들이 의지가 없었기 때문에 이 문제를 해결하지 못했을까. 그렇다면 왜 다른 나라는 문재인 정권 방식대로 해결하지 않는 것인가.

　문제는 복잡하지 않다. 누군가 다음의 두 가지 문제를 해결하면 된다. '현재' 시점에서 정규직 전환에 필요한 '비용'을 누군가 내면 된다. 또한 '미래' 어느 시점에서 필연적으로 발생할 사업 재편과 구조 조정의 '책임'을 누군가 지면 된다.
　문 대통령은 취임 3일 만에 인천공항공사의 1만여 명 비정규직을 정규직으로 전환하겠다고 다짐했다. 문 대통령이 생각하는 당위와 의지는 알겠지만, '현재의 비용'은 누가 내고 '미래의 책임'

은 누가 질지 묻고 싶다. 공공부문에 있는 특정 당사자에게는 좋은 일이지만 이에 수반되는 모든 비용과 책임은 결국 국민 몫이다.

도대체 어느 국민이 문 대통령에게 그러한 권한을 주었는지 묻지 않을 수 없다. 문 대통령은 촛불 민심을 얘기할 것이다. 그러나 촛불 민심이 문 대통령과 정권 핵심에게 무엇이든지 마음대로 할 수 있는 권한을 주었다고 생각하는 것은 심각한 착각이다.

비정규직 문제의 본질은 노동시장 이중구조에 기인하는 것이다. 이는 누구난 아는 일이다. 전체 근로자의 10%에 불과한 '대기업-정규직-노조 근로자 철의 삼각 기득권'이 나머지 '중소기업-비정규직-무노조 근로자'의 희생 위에 유지되고 강화되는 것이 노동시장 이중구조이다.

철의 삼각 기득권은 얘기한다. 우리를 끌어내리지 말고 나머지를 우리 수준으로 끌어올리라고 말이다. 그럼 이들에게 묻겠다. 현재의 비용은 누가 내고 미래의 책임은 누가 지느냐고 말이다.

세계 어떤 나라도 그들의 주장처럼 비정규직 문제를 해결하고 있지 않다. 이렇게 해결하다 망한 나라가 그리스고 베네수엘라다. 현재의 비용과 미래의 책임을 불특정한 동시대 국민과 미래 세대에게 떠넘기고, 국가의 이름으로 열광적인 대중의 요구에 영합하는 것이 바로 국가주의이고 포퓰리즘이다.

비정규직 문제 해결에 있어 왕도는 있을 수 없다. 첫째로 임금 격차를 최소화하고, 둘째로 부당한 차별을 금지하며, 셋째로 고용 불안 해소를 위한 사회안전망 재구축이 최선의 방법이다.

과도한 정규직 보호 장치를 완화하고 기업 부담을 줄여 이를 통해 확보한 잉여 비용을 임금 격차 해소에 사용토록 적극 유도해야 한다. 비정규직에 대한 부당한 업무 차별(위험 업무 전가 등)을 원칙적으로 금지해야 한다. 정부와 정치권은 충분하고 합리적인 실업급여와 직업 재교육 제공을 위한 사회안전망 재구축에 나서야 한다.

이 방법은 하늘 아래 처음 있는 것이 아니다. 정권 상실의 위험을 감수하면서 밀어붙였던 독일 슈뢰더 정부의 하르츠 개혁이 바로 그러했다. 국민들의 압도적 지지로 당선된 마크롱 대통령이 노조와 공공부문의 반대를 뚫고 시행하려는 노동개혁 방안이 바로 그러하다.

나는 문재인 정권이 비정규직 문제 해결을 외치면서 노동시장 이중구조 개혁에 대해 얘기하는 것을 듣지 못했다. 몰염치하고 무책임하지 않을 수 없다.

문재인 정권은 정규직 전환을 공공부문부터, 그리고 흑자 공공부문부터 시행하겠다고 한다. 흑자 공공부문부터 시행한다는 논리는 세상 어디에서 나온 것인지 묻지 않을 수 없다. 공공부문이면 동시에 시행해야 옳지 않은지 말이다. 흑자 공공부문은 공공

금수저이고 적자 공공부문은 공공 흙수저인지 묻고 싶다.

흑자 공공부문은 자신들이 잘해서 흑자를 낸 것이 아니다. 뼈를 깎는 노력을 통해 경쟁력을 높여 흑자를 낸 게 아니다. 그들은 단지 좋은 목을 차지하고 있을 따름이다. 그들의 흑자는 해당 분야에서 공공의 이름으로 독점적 지위를 누려 생긴 성과일 따름이다. 이들부터 정규직화해준다는 것은 그야말로 원님 마음대로 식이다.

공공부문의 무분별한 정규직 전환에는 또 다른 맹점이 있다. 정규직으로 전환하는 데 그치지 않을 것이라는 점이다.

첫째, 공무원에 상응하는 직급을 요구할 것이다. 정규직을 획득한 마당에 공무원에 상응하는 직급을 요구할 때 거절할 논리적 근거가 없다.

둘째, 호봉 체계를 요구할 것이다. 직급을 획득한 마당에 계약직으로 근무했던 연한과 나이를 감안한 호봉을 요구할 때 거절할 논리적 근거가 없다.

셋째, 승진 체계를 요구할 것이다. 직급과 호봉을 획득한 마당에 승진 체계에서 이들을 배제할 논리적 근거가 없다.

비정규직 문제를 풀기 위한 첫걸음은 국가주의 포퓰리즘에 입각하여 공공부문 정규직 전환을 추진하는 것이 아니다. 노동시장 이중구조 개혁을 위해 노동 개혁 입법, 사회안전망 재구축을 위한 재정 개혁에 정권의 사활을 거는 것이다.

3. 최고 수준의 최저임금 인상

문재인 정권은 2020년까지 최저임금을 1만 원까지 올리겠다고 한다. 그리고 이미 내년 최저임금을 16.4% 인상했다.

이들은 최저임금이 오르면 저소득층의 소득이 증가하여 이들의 소비가 증가할 것이라고 주장한다. 저소득층의 소비가 증가하면 기업의 생산이 늘고, 기업의 생산이 늘면 고용이 늘어 경제가 선순환 성장을 한다는 것이다. 전형적인 소득주도성장론이다.

아래 표는 2015년 고용노동부 고용형태별 근로실태조사 중 〈최저임금근로자의 사업체 규모별 분포〉이다.

최저임금 근로자의 57.2%가 4인 이하 사업장에, 68.8%가 9인 이하 사업장에 종사하고 있다.

4인 이하 사업장은 대개 편의점 같은 도소매업, 식당 같은 숙박 및 음식점업, 경비업무 같은 부동산 및 임대업이다. 이들의 사

사업장 규모	비중(%)	누적(%)
1-4인	57.2	57.2
5-9인	11.6	68.8
10-29인	13.1	81.9
30-99인	10.5	92.4
100인 이상	7.6	100

업주는 전형적인 자영업자이다.

9인 이하 사업장은 섬유, 봉제, 기계 관련 업종이고 이들의 사업주는 영세 제조업자들이다.

이들 업종의 자영업자와 영세 제조업자는 문재인 정권의 최저임금 인상 폭과 속도에 대해 어떤 대응을 할까.

아마도 세 가지 길이 있을 것이다.

첫째, 고용 유지-생산성 유지-가격 인상-경쟁력 저하.

둘째, 고용 감소-가격 유지-생산성 감소-경쟁력 저하.

셋째, 자동화 투자-고용 감소-생산성 유지-가격 유지-경쟁력 유지.

첫 번째, 두 번째 업체는 결국 문을 닫을 것이다. 세 번째 경우는 대개 대기업 프랜차이즈만 가능할 것이다.

결론적으로 세 가지 경우 모두 자영업자, 영세 제조업자의 고통은 가중되고 결과적으로 고용이 감소하는 예기치 못한 일이 발생할 가능성이 높다.

게다가 공공부문에서 시발된 비정규직의 정규직화가 민간 부문까지 확산된다면 고용축소는 불을 보듯 뻔하다. 정규직 전환 분위기에 압박을 받는 업체들은 자동화 투자를 확대하고 해외이전을 서두르는 등 결국 총고용이 줄어드는 결과를 낳게 될 것이다.

한편 2016년 통계청 외국인 고용조사를 보면 외국인 근로자의 수는 약 96만 명이다. 이들 대부분이 최저임금 근로자라 해도 과언이 아니다. 주지하다시피 우리나라는 외국인에 대하여 최저임금을 차별할 수 없다. 최저임금 인상의 혜택 상당 부분이 국내 소비와는 무관한 외국인 근로자에게 돌아갈 것이다.

경제가 성장하면 최저임금도 오르는 게 당연하다. 그러나 감당할 수 없는 인상 속도와 무차별성으로 인해 오히려 고용이 감소하고 경제 선순환이 아니라 악순환을 불러올 가능성을 무시하는 것은 묵과할 수 없다.

이에 대해 문재인 정권은 자영업자와 영세 제조업자의 부담을 덜기 위해 당장 급한 대로 1년 동안 세금 감면 등을 통해 지원에 나선다고 한다. 아랫돌 빼 윗돌 괴는 것도 유분수다. 문재인 정권의 최저임금 인상은 시장경제를 무시한 국가주의이며 대중을 동원하는 포퓰리즘의 전형이다.

4. 임금 감소 없는 근로시간 단축

　문재인 정권은 근로시간을 단축해서 근로자 삶의 질도 높이고 일자리도 확대하겠다고 한다. 또한 법정근로시간 특례업종을 축소하겠다고 한다.

　우리나라 연평균 근로시간은 연간 약 2113시간(2015년 기준)으로 OECD 평균(연평균 약 1766시간)에 비해 길다. 1980년대 초중반 연평균 2900시간보다 4분의 1이 감소했지만 여전히 OECD 평균에는 못 미친다.
　근로시간 단축은 필요하다. 삶의 질을 향상시키기 위한 주요 선행 과제임이 분명하다. 그리고 추가 임금이 동반되지 않는 관행적 초과 근로는 축소 근절되어야 한다. 또한 자신과 타인의 생명과 관련되는 업종에 종사하는 근로자의 무분별한 초과 근로(그것이 설령 추가 임금이 동반된다 할지라도)는 근절되어야 한다. 그런 차원에서 법정근로시간 특례업종 축소는 바람직하다.
　하지만 산업 각 분야의 특성과 개별 기업들의 사정을 무시하고 무차별적으로 근로시간 단축 정책을 밀어붙이는 것은 어리석은 일이다.
　실제로는 문재인 정권의 계획은 자칫하면 축복이 아니라 저주가 될 가능성이 농후하다. 경제 전반에 대한 구조적 접근도 아니고 정책의 앞뒤 연결고리마저 무시하고 있기 때문이다.

　노동유연성 제고, 생산성 제고, 임금 조정이라는 세 가지 조건이 충족되지 않는다면 근로시간 단축은 기업과 근로자 모두의 불행으로 이어질 것이다. 문재인 정권의 임금 감소 없는 근로시간 단축 계획의 문제점을 살펴보자.

　장시간 근로가 고착화된 것은 무엇보다도 낮은 생산성과 과도한 노동경직성 때문이다. 시장과 기술이 변동함에 따라 노동 수요도 변화하기 마련이다. 노동 수요 변화에 적응하기 위해서는 노동시장 유연화가 필수적이다. 그러나 극도로 경직된 우리나라 고용 구조는 높은 고용 비용을 만들어냈고 고비용임에도 생산성은 현저히 낮아졌다. 따라서 기업은 이에 적응하기 위해 장시간 근로에 의존하게 된 것이다.

　이런 상황에서 임금 조정 없이 근로시간만 단축하면 어떤 일이 벌어질까. 추가 부담이 불가피한 기업은 고용과 투자를 줄일 수밖에 없다.

　한국경제연구원의 자료를 보면, 근로시간을 주당 52시간으로 줄이면 기업의 부담은 연간 12조 원 이상 증가할 것이며, 이 중 8조 원 이상이 중소기업의 부담으로 돌아갈 것이라 내다봤다. 이처럼 임금 조정 없는 근로시간 단축은 근로시간뿐만 아니라 고용 규모 자체를 축소시킬 가능성이 매우 높다.

물론 대기업 조직근로자는 별다른 영향을 받지 않을 것이다. 이미 대기업 노조의 힘은 기업의 합리적인 경영 위에 존재하기 때문이다. 따라서 대기업은 그 추가 부담을 해외 공장에서 확보한 생산성으로 일부 상쇄시키거나 아예 해외로 이전을 추진할 것이다. 그러나 이마저도 여의치 않은 상황이다. 노조 동의 없이 해외 공장을 증설하거나 이전하는 것은 극히 어려운 상황이다.

반면 대기업의 하청업체와 중소기업은 생사의 기로에 내몰릴 것이다. 이미 급격한 최저임금 인상이 이루어진 마당에 근로시간 단축으로 인한 추가 부담은 어렵고, 고용 축소로 인한 생산성의 하락은 더욱 견디기 어렵다. 결국 값싼 노동력을 찾아 해외로 이전하거나 사업 중단을 선택할 수밖에 없을 것이다.

또 짚어 볼 것이 문제인 정권이 주장하는 대로 근로시간 단축이 일자리 확대로 이어질 것인가 하는 점이다. 이 부분은 여전히 논쟁 중이다.

이론적으로야 한 명 근로자의 총 근로시간과 두 명 근로자의 총 근로시간이 동일하면 총비용도 동일하고 생산성도 동일할 것이다. 설령 미미한 차이가 나더라도 정부가 보전해주면 주면 된다는 것이다. 그리고 일자리가 확대되었기 때문에 세수가 증대되어 정부 재정에는 아무런 차이가 없다는 것이다.

그러나 현실에서는 관리 비용이 추가로 발생할 수밖에 없다. 또한 숙련도, 집중도 등 다양한 원인으로 인해 동일한 생산성을 유지하기 위해서는 총 근로시간이 늘 수밖에 없다. 따라서 기업 입장에서는 추가 고용을 선택하지 않거나 추가 비용을 감당해야 한다. 이에 대한 답은 정부 재정 지원이다. 그렇지 않다면 기업 경쟁력 저하는 불을 보듯 뻔하다.

여기서 반드시 짚어야 할 점이 있다. 근로시간이 단축되면 임금도 줄어야 한다는 것이다. 또한 추가 고용 비용은 단축된 임금으로 충당되어야 한다는 것이다. 이 전제가 깨지면 기업의 생산성은 저하되고 생존하지 못할 것이다. 이를 막기 위해서는 정부가 더 큰 재정 부담을 져야 할 것이다.

5. 사회적 일자리 확대 : 〈광주형 일자리〉의 경우

국민들께서 '광주형 일자리'라는 말을 들어 본 적이 있는지 모르겠다. 문재인 정권은 공공부문 81만개 일자리 이외에도 사회적 대화를 통한 지역-산업 맞춤형 일자리 창출에 나서겠다고 한다. 그 대표적 사례로 광주형 일자리를 들고 있다. 광주형 일자리는 문재인 후보의 대선공약이자 문재인 정권 100대 국정과제에 포함되어 있다.

광주형 일자리는 원래 지방자치단체인 광주시가 기아차에 요구하여 일자리를 만든다는 개념이다. 문재인 정권이 이를 뒷받침하고 독려하겠다는 것이 지역-산업 맞춤형 일자리의 모습이다.

기아차 광주 공장은 연간 최대 62만 대 생산 능력을 갖추고 있다. 기아차 광주 공장에는 7700명의 근로자가 종사하고 있고 생산액은 연간 약 10조 원에 달한다. 광주시 제조업 종사자의 10%, 생산액의 34%를 차지한다. 또한, 지역 협력업체에 1만 4000명의 근로자가 종사하고 있다. 가히 광주시 경제의 중추라 할 수 있다.

광주시는 지역의 고용을 늘리기 위해 기아차에 연간 40만 대 생산능력을 갖춘 공장증설을 요구하고 있다. 광주시 경제에 대한 기아차의 비중을 생각하면 광주시의 요구는 일단 이해할 수 있다.

기아차 광주 공장은 최대 62만 대 생산 능력에도 불구하고 지난 해 49만여 대 생산에 그쳤다. 내수도 줄고 수출도 줄었기 때문이다. 이에 더해 노조의 잦은 파업 탓에 생산성이 하락한 것이 한 이유이다.

특히 현대기아차의 세계 점유율이 점점 하락하고 있다. 사드 여파에 따른 중국 판매 급감, 원자재값 하락에 따른 신흥국 판매 하락까지 겹쳐 위기감마저 도는 상황이다.

결정적으로 현대기아차 한국 공장의 생산성을 감안하면 공장 증설은 엄두도 낼 수 없는 형편이다.

자동차 업계의 주요 생산성 지표인 HPV(차량 한 대를 만드는 데 들어가는 시간)를 놓고 기아차의 한국 공장과 해외 공장을 비교해 보자.

제조공장	HPV
기아차 한국 공장	25.9시간
기아차 미국 공장	15.8시간
기아차 슬로바키아 공장	15.0시간
기아차 중국 공장	19.4기간

《월간 마이더스》, 2016.8.6.

한편 한국 공장과 해외 공장 근로자의 임금을 비교해 보자. 임금 체계가 달라 단순 비교는 불가능하지만 대략 기아차 미국 조지아 공장의 근로자 평균 연봉은 5700만 원으로 한국 기아차 근로자의 70% 수준(《월간 마이더스》의 같은 자료 인용)이다. 슬로바키아와 중국의 경우는 이보다 훨씬 낮은 수준이다.

이런 상황임에도 불구하고 광주시와 문재인 정권은 공장 증설을 요구하며 광주형 일자리를 제안하고 있다. 그럼, 광주형 일자리의 실체는 무엇인가.

광주시는 기아차에 공장 증설과 함께 아래 4가지 원칙을 실현하자고 제안한다.

첫째, 적정한 임금 실현(총급여 기준 기존 공장의 50% 수준).

둘째, 적정한 근로시간 실현(초과 근로 제한).

셋째, 원청-하청 관계 개혁.

넷째, 노사 책임경영 실현.

이 중 첫째 조건은 광주시가 책임지겠다는 것이다. 신설 공장 근로자 임금이 기존 공장의 절반 수준이니 일견 기아차가 공장 증설을 꺼릴 이유가 없어 보인다. 진짜 그러한지 내용을 자세히 살펴보자.

첫째, 적정한 임금 실현 문제이다. 동일한 기아차 소속인데 총 근로시간이 다소 적다고 해서 증설 공장 근로자가 기존 공장 근로자의 절반 수준 임금을 계속해서 용납하겠는가. 처음에는 취업이 중요하니 인정하겠지만 시간이 지나도 그 격차를 인정할 수 있겠는가. 근로자의 요구를 광주시가 어떻게 책임을 지겠다는 것인지 이해할 수 없다.

둘째, 적정한 근로시간 실현 문제다. 자동차 공장의 특성상 주문량에 따라 법정근로시간 내에서 초과 근로를 한다. 즉, 주 40시간을 기본으로 하되 노사합의로 주 12시간 초과 근로가 가능하다. 초과 근로 수당은 총급여에 포함된다. 광주형 일자리는 초과 근로를 원칙적으로 제한한다. 따라서 증설 공장의 시간당 평균 급여액은 대폭 상승할 수밖에 없다.

셋째, 원청-하청 관계 개혁 문제이다. 자동차 산업 특성상 수많은 하청업체가 존재한다. 이들 임금 수준은 원청업체인 기아차보다 훨씬 낮다. 임금 격차 원인은 여러 가지이다. 그중 지나치게 높은 원청업체의 임금 부담을 하청업체에 전가하는 것도 하나의 원인이다. 상황이 이러한데 하청업체의 임금을 올리는 책임을 원청업체에 전적으로 떠맡기면 기아차의 생산 비용은 대폭 상승할 수밖에 없다.

넷째, 노사 책임경영은 결코 회사로서는 받아들일 수 없는 조건이다. 현재도 회사 운영 관련 시시콜콜한 것(해외 공장 생산량 조정 등)까지 노조가 개입하는 마당에 노사 책임경영을 받아들이면 회사 경영은 아예 노조가 하게 될 것이다.

결론적으로 기아차 입장에서는 광주형 일자리란 기존 공장과 별반 다름없는 조건으로 40만 대 생산 공장을 증설하는 것에 다름 아니다.

회사 경영 환경, 한국과 해외 공장의 생산성 및 임금 등에 두루 비추어, 기아차가 왜 무리한 공장 증설에 나서야 하는지 도무지 이해할 수 없다.

상황이 이러할진대 도대체 정부가 무슨 자격으로 민간 기업에게 광주형 일자리를 강요하는지 모를 일이다.

만약 기아차가 정부의 광주형 일자리 요구에 동의한다면, 그 다음에는 어떤 일이 벌어질지 불을 보듯 뻔하다. 전국의 모든 지방자치단체는 문재인 정권에 요구할 것이다. 우리 지역에도 광주형 일자리 같은 대기업 생산 기지를 만들어달라고 말이다. 광주형 일자리가 가능한 마당에 대구형, 대전형, 춘천형, 청주형, 전주형 일자리가 안 될 이유가 없다.

광주형 일자리는 혁신도시 같은 공공기관 지방 이전과는 차원이 다르다.

정권을 잡았다고 대통령과 핵심 세력 뜻대로 국민 세금을 써서 81만 개의 공공 일자리를 만들고, 최저 임금을 급격하게 인상하고, 공공부문 비정규직 제로화를 추진하는 것도 모자라, 민간 기업의 팔을 비틀어 일자리 창출에 나서는 것이 과연 시장경제이고 자유민주주의에 부합하는가. 이는 국가주의 포퓰리즘의 전형이다.

6. 문재인 정권 세제 개편안

문재인 정권의 설명에 의하면 공약 이행을 위해서는 5년간 178조 원의 재정이 소요된다. 그러나 공공 일자리 확대 규모, 최저임금 보전 규모, 건강보험 재정 지원 규모 등 연일 쏟아내는 재정 지출 계획을 감안하면 이 또한 제대로 된 추계인지 알 수 없다.

이런 상황에서 문재인 정권은 공약 이행을 위한 재정 확보 계획을 발표했다. 대기업 법인세 인상, 고소득층 소득세 인상이 골자다. 이 정도 증세 규모로는 공약 이행을 위한 재원 마련에는 조족지혈이다. 방향성 또한 전형적인 징벌적 과세이다. 사실상 재원 마련보다는 대기업과 고소득층에서 일반 대중으로 소득을 이전시키겠다는 조세 포퓰리즘이다.

문재인 정권의 이번 세제 개편안은 비겁하고, 몰염치하고, 무책임하다.

첫째, 국민개세주의國民皆稅主義의 필요성을 숨기고 부자 증세로 재정 마련이 가능하다고 포장하는 것은 비겁하다.

공약 이행을 위한 충분한 재정을 확보하기 위해서는 종합적이고 전면적인 실효세율 구조 정상화가 필수적이다. 그럼에도 불구하고 조세 포퓰리즘 차원에서 대기업과 고소득층에게만 징벌적으로 과세하는 '보여주기식 편가르기식 정치 조세'에 그쳤다.

일방으로 치우친 대기업 법인세 인상과 고소득층 소득세 인상에 대해서는 일찍이 진보진영 안에서도 우려의 목소리가 있었다.

김상조 공정거래위원장은 경제개혁연대 소장이던 2016년, "고소득층에 집중한 부자 증세만으로는 실효세율 구조를 정상화할 수 없고 필요한 재원을 확보할 수 없다는 사실을 인정해야 한다"고 밝혔다. 또 "국민개세주의 원칙에 따라 소득자 모두가 최소한의 납세 의무를 부담하는 방안을 마련할 필요가 있다"고도 했다. 김 위원장에 따르면, 현재 광범위한 면세 혜택은 서민층만 누리는 것이 아니며, 연간 총급여가 4850~4900만 원인 근로소득자 중 약 10%가 면세자이고 이들은 '상위 20%'에 해당한다.

박광온 의원(국회 기재위 민주당 간사)은 2016년, "모든 국민이 당당하고 떳떳하게 납세자, 주권자로서 의무를 다하는 것은 헌법 정신"이라며, "현재 48%인 면세자 비율을 35% 전후로 줄여 나가는 것이 바람직하다"고 했다.

굳이 김상조 위원장, 박광온 의원의 말을 빌리지 않더라도 조세 전문가 대부분은 급여소득자의 절반이 소득세를 한 푼도 안 내는 현실을 기형적이라 진단한다. 이런 현실을 타파하지 않고서는 막대한 복지 재원 조달이 불가능하다고 한다. 소득이 있는 국민은 누구나 세금을 내야 한다는 국민개세주의가 중복지 국가로 이행하는 전제조건이라는 것이다.

우리나라는 OECD 회원국 중 소득세 실효세율도 낮고 GDP 대비 소득세 비중도 매우 낮다. 세계적 추세를 보더라도 '세원은 넓히고 세율은 낮추는' 정책이 필요하다. 하지만 문재인 정권은 '세원은 좁히고 세율은 높이는' 정반대 방향으로 나아가고 있다.

문재인 정권이 늘 강조하는 보편복지는 국민개세라고 하는 조세 '개혁' 수준의 정책을 필요로 한다. 이것이 용기이고 정의이다. 대중과 선거를 의식하여 장기적으로 국민 경제를 파탄 낼 조세 포퓰리즘 정책은 비겁한 것이고 불의한 것이다.

문재인 정권이 할 일은 먼저, 공약 이행을 위해서는 막대한 재정이 소요됨을 인정하고 국민 모두가 일정 이상의 부담을 지는 조세 제도 개편이 불가피하다고 호소해야 한다.

둘째, 재정 개혁을 누락한 채 발표한 세제 개편안은 몰염치하다.

공약 이행 재원 마련을 위해 문재인 정권의 국정기획자문위원회는 '재정 개혁을 통한 재원 조달 방안'을 내놓은 바 있다. 세입 확충으로 82조 6000억 원을, 세출 절감으로 95조 4000억 원을 확보하겠다는 것이다.

그렇다면 문재인 정권의 계획처럼 재정 개혁을 통해 재원을 마련하면 그만이다. 그러나 이번 세제 개편안에는 재정 개혁 방안은 쏙 빠졌다.

진정 국가 개혁을 위한 세제 개편안이라면 그 안에는 노동시장 이중구조 개혁 방안, 이에 수반되는 고용 불안 해소를 위한 사회안전망 재구축 방안, 중장기적이고 구조적인 세수 증대와 재정 개혁 방안이 담겨 있어야 한다.

중장기적이고 구조적인 세수 증대 방안은 국민개세주의를 기본으로 하되, 대기업과 고소득층에게 징벌적 과세를 가하는 것이 아니라 불필요한 규제를 혁파하고 기업의 신규 투자를 촉진시켜 세율과 무관하게 세수가 늘 수 있는 기반을 마련하는 일이다.

그러나 지난 2015년 정부여당이 공무원연금 개혁을 실시할 때 민주당이 보여준 행태를 상기해 보면 문재인 정권에게 재정 개혁을 기대하는 것은 연목구어이다.

셋째, 법인세의 의미를 제대로 따져 보지도 않고 법인세 인상이 갖는 문제점을 외면하는 점은 무책임하다.

법인세 인상은 단기적으로는 곶감 빼먹는 효과는 있겠지만 장기적으로는 독약으로 돌아올 가능성이 크다.

국제 경제에서 법인세는 '사실상' 내국세가 아니다. 법인세는 수익이 발생한 곳(법인이 존재하는 해당 국가)에 납부하는 세금이다. 법인세를 계속 올리는 나라와 법인세를 계속 낮추는 나라가 있다면 어느 기업이건 후자에 기업을 세울 것이다. 지금 시대의 법인세는 한 나라의 세수에 기여하는 일차원적인 기능을 뛰어넘은 세금이다. 국내외 기업 투자를 유치하는 문제까지 고려하여 설계해야 하는 복합적 의미를 지닌 조세이다.

따라서 복지 재원 마련을 위해 법인세를 올린다는 발상은 근시안적이고 단순한 셈법이다. 문재인 정권이 내년도 지방선거에서 표를 얻기 위한 정책에만 급급하다는 오해는 여기에서도 기인한다.

법인세는 조세 부담 회피가 얼마든지 가능하다. 정확히 말해서 법인세를 올리면 그 부담을 소비자, 다른 기업, 근로자 등에게 이전하는 것이 일반적이다. 이런 일반적 속성을 억누르려면 정부가 공권력을 이용한 강제적 조치를 할 수밖에 없다. 그 대표적인 예가 세무조사이다. 하지만, 이런 일이 실제로 일어난다면 문재인 정권이 그렇게 비판했던 권위주의 정권, 비민주적 정권이 아니고 무엇이 다른지 묻지 않을 수 없다.

7. 법인세 인상

　기업은 돈을 많이 벌기 때문에 세율을 높여 세금을 더 내게 하자는 발상은 시장경제의 근본을 도외시한 발상이다.
　자본주의 경제에서 기업은 '유지되는 정도'로는 도태된다. 기업은 끊임없이 성장하고 확대되어야 한다. 적어도 이를 지향하고 그에 맞는 신규 투자, R&D, 시장 확대 노력을 멈춰서는 안 된다. 멈추는 순간 죽는다. 이런 단순한 원리는 운동권 출신 정치인들도 잘 알 것이다.

　현재 우리나라 대기업은 그간 이익을 내던 사업만으로 목숨을 연장하고 있는 형국이다. 신규 사업에 투자할 여력이 부족할 뿐만 아니라 환경 또한 매우 불리하다. 정부의 각종 규제, 노동시장의 경직성, 토지 이용의 제한, 자본시장의 전근대성 등으로 새로운 투자를 통한 신규 공급 창출이 쉽지 않다. 불가피하게, 최소한 미래를 대비하는 차원에서 기존의 수익이 발생하던 사업에서 획득한 자산(유동자산+고정자산)을 계속 유보하고 쌓아 두고 있는 상황이다.
　문재인 정권은 기업의 신규 사업 투자를 촉진시켜 자연스럽게 세수를 늘릴 생각은 하지 않는다. 기업을 옥죄고 금고 문을 열게 하여 기업 소득을 강제로 가계 소득으로 이전시키는 소득주도성장론에 몰두하고 있다. 기업의 자산을 조선시대 구휼미로 여기지 않고서야 나올 수 없는 행태이다.

이런 상황에서 법인세를 인상할 경우 우리 경제에 부정적인 영향을 미칠 가능성이 매우 크다.

첫째, 기업은 조세 부담을 다양한 방식으로 전가할 것이다. 다른 요인이 고정되어 있다고 가정하면 법인세 증대로 기업 순익은 감소한다. 기업의 순익이 감소한다는 것은 국제 경제 체제에서 경쟁력이 낮아진다는 의미이다. 기업은 생존을 위해 세금 부담을 상품 가격에 전가하거나 더 싼 협력업체를 찾아낼 것이다. 필요하다면 고용을 줄이기도 할 것이다. 이 같은 문제는 김대중 정부 시절인 지난 2002년 이래 꾸준히 제기된 문제이다.

둘째, 법인세가 인상되면 국내 기업은 해외 이전을 서두를 수밖에 없고, 해외 기업은 국내 투자를 중단할 수밖에 없다. 법인세는 수익이 나는 사업장이 소재한 국가에 납부하는 세금이다. 우리나라 기업이 해외 사업장에서 이익을 거두었다면 해당 국가에 납부한다. 법인세가 아니더라도 우리나라의 기업 인프라는 경쟁국에 비해 불리하다. 다른 나라에 비해 노동생산성은 낮고 임금은 높다. 그런데도 회사의 경영 상황과 무관하게 임금과 복리후생 강화를 위한 파업이 계속된다. 이런 상황에서 법인세가 인상된다면 자본의 해외 이탈은 가속화될 것이다. 국내 기업들도 이와 같은 상황에서 경영을 한다는 것은 지속적으로 손실을 감수해야 하는 일이므로 다른 대비책을 찾을 수밖에 없다.

그렇다면 문재인 정권이 제시한 법인세 인상의 효과는 충분할까? 법인세율 인상에 따른 세수 효과는 연간 2조 5500억 원으로 추정된다. 고소득층 소득세율 인상으로 늘어날 소득세 1조 800억 원까지 감안하더라도 5년간 18조 1500억 원, 문재인 정권 공약 달성 재원인 178조 원의 10분의 1에 불과하다.

이미 우리나라 법인세 최고세율(22%)은 1인당 GDP가 2만~4만 달러인 35개 국가 법인세율의 중위값에 해당하며, GDP 대비 수출 비중이 45~60%로 한국과 유사한 24개 국가의 법인세율 중위값도 20%로 국내 최고세율과 큰 차이가 없다. 34개 OECD 회원국의 법인세 최고세율은 평균 23%(지방세 포함 24.8%)로 22%(지방세 포함 24.2%)인 한국과 큰 차이가 없다.

법인세와 낙수효과 문제도 짚어 봐야 한다. 문재인 정권은 '법인세를 감면해 주었으나 낙수효과가 발생하지 않았다. 기업 좋은 일만 해준 것이다'고 주장하면서 소득주도성장론을 제기했고, 소득주도성장론을 구현할 재원의 하나로 법인세 인상을 들고나왔다.

다른 나라들이 법인세를 경쟁적으로 인하한 것은 모든 기업이 낙수효과를 양산해서가 아니다. 또한 기업이 많은 수익을 거두다고 하여 반드시 낙수효과가 생겨야 한다는 논리는 맞지 않다. 고용이나 가계 소득의 증대 등 낙수효과가 발생하지 않는 것은, 기본적으로 투자 여건이 나쁘고 신규 투자처를 찾기 어려우며 각종 규제로 인해 신산업 투자가 막히기 때문이다. 또한, 세계에서 가장 강성인 노조, 노동시장 이중구조 등 기업 인프라가 매우 열악한 것도 이유이다.

법인세를 인하하는 것은 자국 기업의 경쟁력 제고 및 해외 기업의 국내 투자 활성화를 위한 조치이다. 해외 기업이 국내 투자를 결정함에 있어서 법인세뿐 아니라 기업 인프라도 매우 중요한 고려사항이다. 주지하다시피 우리나라의 기업 인프라는 다른 나라에 비해 불리하다.

법인세는 국제 경쟁력과 직결된 문제이다. 법인세를 더 거둬들여 복지 지출에 쓰겠다는 발상은, 단기적으로 세수를 증대시켜 효과를 볼 수는 있겠지만, 수년 내로 국가 재정을 악화시킬 가능성이 매우 크다.

8. 고소득층 소득세 인상

우리나라는 OECD 국가들 중에서 소득세를 가장 적게 내는 나라들 중 하나이다.

OECD 회원국들의 GDP 대비 소득세 비중을 평균으로 계산하면 8.56%(2012년 기준)인데, 우리나라는 3.73%로 평균의 절반에도 못 미치는 수준이다.

실제로 내는 세금이 얼마나 되는지를 알려주는 실효세율도 마찬가지이다. 각종 공제 및 감면 제도 때문에 한국의 평균 소득세 실효세율(무자녀 1인 평균소득 가구 기준)은 5.1%에 불과하다. (OECD 회원국 평균은 15.5%) 두 명의 자녀를 둔 외벌이 가구를 기준으로 해도 소득세 실효세율은 2.4%로, OECD 평균(10.2%)의 5분의 1 수준에 지나지 않는다.

중부담 중복지가 불가피한 선택이라면 국민 모두의 세금 부담을 전제로 한 조세 제도 개편 또한 필연적인 과정이다. 보수와 진보를 막론하고 대부분의 전문가들은 법인세와 고소득층 소득세 인상만으로는 복지 재원 조달이 불가능하고 국민개세주의 도입이 필요하다고 얘기한다. 보편 증세(면세자 축소)와 소비세 인상이 필요하다는 것이다. 대신, 노동시장 이중구조 개혁에 따른 고용 불안에 대응하는 사회안전망 재구축 등 저소득층과 필요계층에게 사회이전소득으로 보충하는 시스템을 동시에 구축해 나가야 할 것이다.

그러나 보편 증세가 대중의 저항을 불러일으키고 선거에 불리하다는 이유로 부자 증세만을 주장하는 문재인 정권의 행태는 비겁하다. 조세 정책은 국가의 근본이고 정권의 성격을 대변하는 것일진대, 문재인 정권의 조세 정책은 조세 포퓰리즘에 다름 아니다.

증세의 우선순위는 '법인세 실효세율 인상(비과세 감면 축소) → 국민개세 실시 → 소비세 인상 → 법인세 명목세율 인상' 순이 되어야 한다. 특히 국민 모두에게 영향을 미치기 때문에 정부로서는 큰 부담을 안을 수밖에 없지만 OECD 평균(17~20% 수준) 대비 과도하게 낮은 소비세(10%)를 인상하는 방안도 복지 재정 확보 차원에서 적극적으로 검토할 필요가 있다.

문재인 정권이 강조하는 보편 복지를 위해서라도, 178조 원에 달하는 공약 이행 재원 마련을 위해서라도 지금이야말로 국민개세주의로 조세 제도를 개편할 시기다.

9. 전면적인 복지 확대 정책

연일 조兆 단위의 복지 지출안을 쏟아내는 문재인 정권에 대해 우리 사회의 우려는 깊어가고 있다. 지난 6월 7일 소방공무원 확대에 8조 2000억 원을 쓰겠다고 한 후, 신고리 5·6호기 중단을 일방적으로 발표함으로써 피해 보상에만 12조 원을 쓰게 됐다.

8월 들어서 보여준 재정·조세 개혁안 없는 '지출 꾸러미'는 더욱 가관이다. 8월 7일 핵추진 잠수함 도입에 약 4조 원 투입을 발표했다. 이틀 후인 8월 9일 건강보험 보장 확대를 발표하면서 금액이 크게 부풀어 올라 30조 6000억 원 투입을 자신했다. 그리고 또 그 다음 날, 기초연금을 월 30만 원으로 인상하겠다면서 21조 8000억 원 투입을 공언했다. 이야말로 일조우일조日兆又日兆 정권이라고 할 만하다.

청와대가 먼저 솔직해져야 한다. 박근혜 정권의 '증세 없는 복지'가 거짓말인 것처럼, 문재인 정권의 부자 증세를 통한 복지재원 조달은 또 하나의 거짓말에 불과하다. 이제라도 이 점을 국민들 앞에서 고백하고 '넓은 세원, 낮은 세율'의 합리적인 조세 제도를 제시해야 한다.

'중부담' 방안을 정치적으로 접근하지 말고 조세 전문가들의 조언을 바탕으로 설계해야 한다. 법인세율 인상, 고소득층 세율 인상뿐 아니라 국민개세를 위한 소득세와 법인세 최저세율 도입, 부가세 등 소비세율 인상 등 종합적인 중부담 방안을 제시해야 할 것이다.

    중복지를 위한 복지지출 확대를 우리 경제가 감당할 수 있으려면 무분별한 소득주도성장론에서 벗어나, 성장과 분배의 선순환이 가능한 시스템 구축에 초점을 맞출 필요가 있다. 이를 위해, 성장과 분배의 악순환의 근원인 노동시장 이중구조 개선은 필수적이다. 노동시장 이중구조를 개혁하여 기업의 신규 투자 활성화를 유도해감으로써 궁극적으로 세원이 증대되고 세수가 늘 것이다.
    동시에, 그로 인한 고용불안 해소를 위해 충분한 실업급여와 직업재교육 제공을 위한 사회안전망 재구축에 재정 투입을 집중해야 한다.

    국민들은 문재인 정권의 조세 포퓰리즘의 위험을 알고도 단기적으로는 지지를 보낼 지도 모른다. 이는 박근혜 대통령의 헌법 질서 유린에 대한 단죄의 심정이 아직 식지 않았음을 보여주는 것일 수도 있다. 그러나 문재인 정권은 지금의 지지율이 '무엇이든 일방통행식으로 강행해도 된다'는 국민들의 뜻이라고 오판해선 안 된다.
    단기적 성과에 급급하고 일방향으로 치우치고 정치적으로 계산된 세제 개편안과 퍼주기식 복지 정책이 아니라, 중장기적으로 건실한 국가 경제 건설에 기여하고 조세 정의에 충실한 조세 제도 개편이 절실하다.

제3장

문재인 정권 안보관 비판
: 이념적 반미주의, 낭만적 자주주의, 감성적 친중주의

안보의 본질, 현실 그리고 선택의 문제

문재인 정권의 핵심 세력은 북한의 핵과 미사일 위협 앞에서도 안보를 위한 전략 무기 배치에 부정적이다. 반세기 이상 국제사회에서 최고 수준의 외교 관계인 군사 동맹을 맺고 한반도에서 대한민국의 이익과 주도권을 적극적으로 인정하는 미국에 대해 냉담하다. 인류의 보편 양심으로 도저히 용납할 수 없는 북한을 이해하고 적극 인정한다. 국제 규범에 정면으로 반하는 사드 보복을 일삼고 한반도에서 대한민국의 이익과 주도권을 무시하는 중국에 대해서는 쩔쩔맨다.

북한의 핵과 미사일은 어제오늘의 일이 아니다. 김대중 전 대통령이 "북은 핵을 개발한 적도 없고, 개발할 능력도 없다. 그래서 우리의 대북 지원금이 핵 개발로 악용된다는 얘기는 터무니없는 유언비어다"라고 호언장담했을 때도(2001년), 노무현 전 대통령이 "정부가 '안보' '안보'하고 나발을 계속 불어야 안심이 되는 국민 의식, 이것 정말 힘들다"고 말했을 때도(2006년), 북한의 핵과 미사일 개발은 계속되었다.

문재인 대통령은 취임 한 달이 채 지나지 않은 지난 6월 5일 사드에 대한 환경평가를 다시 하라고 지시했다. 이에 따라 사드 배치는 원점으로 되돌아갔다.

그러나 송영무 국방장관은 지난 7월 31일 국회 국방위원회에서 "(해군 이지스함의) 'SPY-1D' 레이더 출력이 사드보다 62배나 강하다" "(그런데도) 150미터 정도의 함상에서 장병들이 250명 정도 근무를 한다. (사드 전자파는) 큰 영향이 없을 것으로 파악하고 있다"고 설명했다. 실제로 지난 8월 12일 진행된 소규모 환경영향평가 결과, 사드 레이더에서 감지된 전자파는 관련 법령이 정한 인체 보호 기준치의 600분의 1에 불과했다.

7월 28일 북한이 급기야 ICBM을 발사하자 문대통령은 부랴부랴 사드 임시 배치를 지시했다. 그리고 북한의 ICBM 위협이 현실화된 엄중한 시기에 휴가를 떠났다. 휴가 도중 사진을 소셜 미디어를 통해 공개했다. 안보에 대한 직무는 중단했지만 이미지 정치는 잠시도 중단하지 않았다.

경북 성주에서는 반미 시위대와 일부 성주 군민들이 사드 배치 부대 앞에 검문소를 만들어놓고 군과 경찰 차량의 통행을 통제하고 검문을 했다. 이게 나라인가 하는 생각이 절로 든다.

대한민국을 위협하는 세력으로부터 국민과 국가를 지키기 위해서는 우리 안보의 '본질'을 꿰뚫어 보고 지금의 안보의 '현실'을 냉철하게 인식하면서 가장 확실하고 현실에 튼튼히 발 딛은 안보 전략을 '선택'해야 한다.

우리 안보의 '본질'은 무엇인가. 그것은 대한민국이라는 국체와 자유민주주의·시장경제라는 헌법 가치를 지키는 일이다. 그간 대한민국은 북한이라는 실체적 위협과 강대국에 둘러싸인 지정학적 위협을 극복하면서 국체와 헌법 가치를 지켜왔다. 국민으로부터 권력을 위임받은 국가의 가장 우선적인 임무는 바로 국체와 헌법 가치를 수호하는 일이다. 안보에 있어 이념적이고 낭만적이고 감성적인 태도는 용납될 수 없다.

지금 우리 안보의 '현실'은 무엇인가. 그것은 대한민국의 국체와 헌법 가치가 엄중한 위협에 노출되어 있다는 사실이다. 위협의 원천은 단연 북한의 핵과 미사일이다. 그러나 북한의 핵과 미사일보다 더 위협적인 것은 핵과 미사일로 대한민국을 위협하는 북한에 대한 낭만적 태도이다. 대한민국 안보의 근간인 한미동맹의 일방인 미국에 대한 이념적 태도이다. 한반도에서 대한민국의 이익과 주도권을 무시하는 중국에 대한 감성적 태도이다.

이런 상황에서 가장 확실하고 현실에 튼튼히 발 딛은 안보 전략의 '선택'은 무엇인가. 오늘날 국제 사회에서 대부분의 국가는 동맹이나 집단 안보 체제를 통해 자국의 안보를 수호한다. 미묘한 지정학적 위치에 놓여 있으면서 절대무기인 핵과 미사일 위협에 노출된 대한민국의 경우에는 더더욱 그러하다.

문재인 대통령은 지난 7월 G20 정상회담 이후 "현실적으로 우리에게 (한반도 문제를) 해결할 힘이 없다"고 시인했다. 북한 핵과 미사일은 우리 단독으로 헤쳐갈 수 없다. 그럼 우리는 어떤 선택을 해야 하는가.

지금 우리에게 어정쩡한 중간자의 길이나 양다리 걸치기의 길은 있을 수 있겠는가. 안보에는 냉혹한 현실에서 불가피한 '선택'을 하는 어려운 결정의 길밖에 없다.

실제 북한의 핵과 미사일 위협을 동시에 받고 있으며, 세계 최고의 군사 동맹을 맺고 있으며, 역사적으로 혈맹의 관계를 맺어 왔으며, 한반도에서 대한민국의 이익과 주도권을 인정하고, 시장경제와 자유민주주의 가치를 공유하는 미국.

북한의 핵과 미사일 위협보다는 사드 배치 철회를 통한 한반도에서의 국가 이익 극대화 전략에 골몰하며, 대한민국과의 전략적 동반자 관계보다 북한과 항미원조抗美援朝 군사 동맹을 최우선하며, 한반도에서 대한민국의 이익과 주도권을 무시하며, 시장경제는 물론 국제 기본 관례마저 무시하며 사드 보복에 나서는 중국.

우리의 선택은 자명하다. 지금 우리의 안보관은, 첫째로 대한민국 국체와 자유민주주의·시장경제의 헌법 가치를 지켜야 한다는 '본질', 둘째로 안보의 최대 위협이 북한의 핵과 미사일이며 북한에 대해 미국과 중국이 정반대의 입장을 취하고 있다는

'현실', 셋째로 이 같은 냉혹한 현실에서 한미 동맹을 근간으로 한 안보 정책이 필수적이라는 '선택', 이 세 가지에서 한 발짝도 벗어날 수가 없다.

그러나 지금 문재인 정권이 걸어가고 있는 길은 이 세 가지에서 한참 떨어져 있다. 나는 문재인 정권의 안보관을 '이념적 반미주의', '낭만적 자주주의', '감성적 친중주의'로 규정한다.

문재인 정권의 안보관의 실체를 밝히고 무엇이 대한민국 안보의 바른길인지 살펴보자.

1. 이념적 반미주의의 실체

　대륙간탄도미사일ICBM이 현실화되기 훨씬 이전부터 북한의 핵과 미사일은 현실적 위협이었다. 그럼에도 불구하고 지난 대선에서 문재인 후보 측은 사드 배치를 주장하는 측의 주장을 '안보 포퓰리즘'이라고 공격했다. 이러한 사고의 근저에는 반미주의가 자리 잡고 있으며, 이런 반미주의는 뿌리 깊은 운동권역사관에서 출발한다.

　미국의 입장에서 볼 때 대한민국은 북한의 핵과 미사일에 더 강경하게 대처하고 사드 배치에도 적극 나서야 하는 게 정상이다. 그러나 현실은 정반대이다.

　나는 문재인 정권 핵심 세력과 운동권 및 시민 단체들이 사드 반대 입장을 견지하는 것은 반미주의의 발로이며, 그 반발로 나오는 것이 중국이나 북한이 꺼리는 일은 하지 않으려 하는 태도라 규정한다. 문재인 정권 핵심 세력에게 미국과 중국은 무슨 의미인가. 이 문제를 풀지 않고선 문재인 정권이 사드 사태를 대처하는 태도를 이해할 수 없다.

　문재인 정권의 핵심을 구성하는 80년대 운동권 출신 인사들 입장에서는, 미국은 한국 현대사에서 운동권 정치의 존립을 지탱해주는 반反명제였다. 중국은 미국이라는 반反명제의 대립점이다.

　주지하다시피, 80년대 운동권은 NL(민족해방)과 PD(민중민주) 두 계열로 나뉘어졌다. 운동권의 압도적 주류는 NL이었고 NL의 사상적 기반은 북한의 주체사상과 수령론이었다. NL계열은 90년대 이후 노동운동, 시민운동으로 광범위하게 진출했고, 일찍이 제도권 정치 안으로 들어온 이들도 적지 않았다.

　80년대 운동권 역사관의 핵심은 대한민국 현대사에 대한 부정이며 현대사 왜곡의 근본 원인은 미국에 있다는 인식이다.

　남한에서 권위주의적 군사정권이 유지되고 재벌을 필두로 개발독재를 추진한 배경에는 미국이 있다고 믿는다. 남한은 단지 미국의 반식민지 내지 신식민지에 불과하며 남한에서 생산되는 성과물의 대부분은 미국이 차지하고 그 일부를 군사정권과 재벌이 나누어 가질 뿐이라고 인식한다.

　따라서 남한에서 군사정권의 폐해와 자본주의의 모순을 극복하고 한반도에서 자주적인 통일 국가를 수립하기 위해선 당연히 남한에서 미국을 몰아내야 한다고 주장한다.

　따라서 이들은 대한민국 현대사에서 한국과 미국과의 관계 전체를 부정적으로 파악할 수밖에 없다. 나아가 작금의 북한 핵과 미사일 위기에서도 한미 동맹의 의미를 과소평가하거나 아예 부정할 수밖에 없다.

아직도 이들은 미국을 이렇게 생각하고 있을지 모른다. 미국은 한반도에서 유일하게 정통성이 있는 북한 정권을 적대시하고 남한 정권을 내세워 한반도의 전쟁 위험을 고조시켜 자국의 이익을 얻으려는 '악惡'이자 적폐라고 말이다. 그런 차원에서 볼 때 사드는 다만 미국의 이익을 지키기 위한 수단에 불과할 뿐, 한국의 안보를 위한 조치는 결코 아니라고 말이다.

지난 8월 9일, 국내 20여개 대학 학생회 연합체인 한대련 소속 대학생과 민노총 조합원, 재야 단체 회원 등 400여 명은 사드 환경영향평가를 반대하고 "미국은 사드 갖고 주한미군 다 떠나라"고 시위를 벌였다.

다시 환경영향평가를 진행하기 위해 사드 배치를 중단해놓은 상황에서 환경영향평가를 반대한다면 사드 배치를 하자는것인가 말자는 것인지 알 수가 없다. 이는 북한의 핵과 미사일 반대가 아니라 사드 반대이며, 사드 반대를 넘어 반미가 아닌지 묻고 싶다.

2. 낭만적 자주주의의 실체

 문재인 정권은 북한의 핵과 미사일 문제의 해법으로 대화와 협상을 고집한다. 남한과 북한이 대화를 통해 한반도 문제를 주체적으로 해결하는 것이 '자주'라는 인식을 갖고 있다.

 대화와 협상을 통해 북한의 핵과 미사일을 폐기 내지 동결할 수 있을 것이라는 믿음, 이것이 낭만적 자주주의의 핵심이다.

 그렇다면 문재인 정권 핵심 세력이 북한에 대해 낭만적 자주주의로 대하는 뿌리는 어디에 있는가. 특히 인류 양심과 보편적 상식에 입각해 판단할 때 도저히 용납할 수 없는 김정은 정권에 대해서도 이런 태도를 견지하는 근본 원인은 무엇인가.

 8·15 해방과 분단 이후 남한과 북한에 들어선 정부에 대한 80년대 운동권 세력의 평가는 극단적으로 갈렸다. 이들에게 남한은 미국의 식민지 지배 체제를 대행하는 꼭두각시 정부였고, 북한은 민족해방을 완수한 자주적이고 정통성 있는 유일한 정부였다. 특히 NL 계열 운동권은 김일성의 주체사상과 수령론을 받아들여 김일성을 레닌, 스탈린, 모택동 반열에 올려놓는 것을 서슴지 않았다. 반면 남한은 미국의 반식민지 혹은 신식민지에 지나지 않았다.

 그러므로 80년대 운동권 역사관에 젖은 이들은 대한민국 건국 70년 현대사를 인정할 수가 없다. 한편으로는 김일성 체제의 연속인 김정은 체제에 대해 무조건적 반대가 불가능하다.

낭만적 자주주의는 동전의 앞면이고 북한에 대한 우호적 인식은 동전의 뒷면이다.

북한에 대한 우호적 태도에 뿌리를 둔 낭만적 자주주의로 인해 문재인 정권 핵심 세력은 절체절명의 핵과 미사일 위협 앞에서도 북한의 의도를 제대로 파악하지 못하고 북한의 전향적인 태도 변화를 마냥 기다리고 있는 것이다.

그러나 현실은 이들의 생각과 기대대로 굴러가지 않는다. 핵과 미사일은 노무현 전 대통령의 말대로 '외부 위협에 대한 자위용 억제 수단'이나 '방어용 무기'에 그치는 것이 아니다. 핵과 미사일은 북한 체제 그 자체이며 불가분의 동일체이다.

북한에게 핵과 미사일이 대외 협상용 카드라고 보는 낭만적이고 주관적인 시각이 문제 해결을 난망하게 만드는 출발점이다. 상식적인 차원의 협상이라는 것은 애당초 성립될 수가 없다. 핵과 미사일 협상이라는 테이블에서 북한은 자국의 체제 자체를 베팅하는 올인 상태이기 때문이다.

협상은 대북 제재와 같은 강경책과 함께 핵과 미사일 폐기라는 최종적 목표를 위한 수단의 하나일 뿐이다. 그마저도 ICBM까지 현실화된 지금은 무의미한 시간끌기에 불과할 가능성이 매우 크다.

자주란 현실적인 힘과 구체적인 방안을 수반해야 한다. 그렇지 않으면 국민의 감성에만 호소하는 이미지 정치의 수단으로 전락할 수 있다. '낭만적 자주주의'는 새로운 형태의 안보 포퓰리즘이다. 이러한 안보 포퓰리즘은 경제 포퓰리즘보다 그 악영향이 훨씬 더 치명적이다.

북한의 ICBM 발사 실험이 끝난 즈음에 민주당 의원 20여 명은 이인영 의원의 주도 하에 13일간 민통선 걷기 행사를 결의했다. 지난 8월 3일 강원도 고성 통일전망대에서 출정식을 가진 후 행진을 시작했다. 이 의원은 고려대 총학생회장 출신으로 제1기 전대협(전국대학생대표자협의회) 의장을 역임했다.

우리 군의 안보 태세를 점검하고 국제 안보 공조 체제를 다지는 데도 시간이 모자랄 이때, "여기서부터 만남과 화해의 상징을 만들고 싶다"거나 "평양과 금강산을 거쳐 백두산까지 걷고 싶다"면서, 오히려 우리 군 병력으로 하여금 정치인의 감상적 행사에 신경을 분산하게 한 것이다. 이들 대부분은 노무현 전 대통령이 재임 시 시작했던 제주 해군기지와 같은 '실질적' 자주 노선에도 반대했었다.

안보의 가장 중요한 기본적인 전제는 '현실'이다. '현실'을 인정한다면 지금 우리를 지켜낼 수 있는 '현실적인 선택'을 하지 않을 수 없다. 이런 차원에서 볼 때 낭만적 자주주의란 우리 스스로를 파괴하는 독약일 뿐이다.

다시 한 번 확인하건대 대한민국의 국체와 자유민주주의·시장경제의 헌법 가치를 실질적으로 위협하는 실체는 북한이다. 북한은 어떠한 경우라도 대화와 타협으로 핵과 미사일을 포기하지 않을 것이다. 만약 그것이 가능하려면 '북한 체제 그 자체'에 상응하는 대가를 지불해야 할 것이다.

우리를 위협하는 또 하나의 실체는 중국이다. 중국은 지정학적으로나 역사적으로나 북한과 혈맹 관계인 강대국이다. 북한은 북·중 혈맹 관계를 믿고 핵과 미사일을 개발하고 발사 실험을 강행했다.

대한민국이 홀로 이에 대응할 수 없는 객관적인 상황 속에서 굳건한 한미 동맹을 기반으로 한 국제 공조를 이끌어 가는 것 외에 북한의 핵과 미사일 위협을 극복할 다른 길은 없다.

3. 감성적 친중주의의 실체

대한민국에게 중국은 어떤 존재인가를 생각할 때 떠오르는 역사의 한 대목이 있다.

피로인(被擄人, 병자호란 때 청군들에게 끌려갔던 조선인으로 청인의 노예나 첩이 되었다)들 가운데 여성들이 겪어야 했던 고통은 특히 더 처참했다. 그들은 사로잡힌 뒤 능욕을 당하거나 저항하다가 죽임을 당했다. 많은 여성들은 능욕을 피하기 위해 스스로 목숨을 끊었다. 청군은 아이가 있는 여자라고 봐주지 않았다. 청군은 아이를 죽이거나 강물과 우물에 내팽개치고 여인들을 끌고 갔다.

청나라에서 노예와 첩으로 생활하던 사람들에게 속환(贖還, 주인에게 몸값을 치르고 풀려나는 것)은 조선으로 돌아올 수 있는 유일한 방법이었다. 청국에서 참을 수 없는 능욕과 고통을 겪고 나서 조선으로 돌아온 여인들에게 더 큰 난관이 기다리고 있었다. 속환한 사람들 중 속환녀(환향녀)들은 고향과 집안에서 버림받았다.

장유(이조판서)는 인조에게 호소문을 올려 자신의 아들 장선징이 속환되어 돌아온 며느리와 이혼할 수 있도록 허락해달라고 요청했다. 최명길은 '예(禮)는 정(情)에서 나오는 것이니 때에 따라 다를 수 있으며, 한 가지에 구애받아선 안 된다'며 이혼을 허락하지 말 것을 주청했다. 그러자 다른 신하들은 '포로가 된 부녀자들은 비록 본심은 아니었을지라도 변을 만나 죽지 않았으니 결국 절개를 잃은 것이다. 억지로 다시 합하게 하여 한 집안의 가풍을 더럽힐 수는 없는 것'이라고 주장했다. 결국 인조는 장선징의 이혼을 허락했다.

한명기,《역사평설 병자호란》

　이처럼 우리는 지난 역사에서 중국의 압도적 영향 아래 살아왔다. 중국 본토에 세워졌던 여러 제국들은 우리를 오랑캐라 칭하고 속국으로 취급했다. 우리(대한민국)에 대한 중국의 영향력은 19세기 말 서양 열강과 일본의 침탈로 쇠퇴하다 일본의 조선 병합으로 완전 단절되었다. 그러나 개혁 개방에 성공하여 G2 지위에 올라선 현재 중국은 압도적인 경제 규모와 북한을 고리로 한반도에서 과거와 같은 영향력 회복을 도모하고 있다.

　그리고 오늘날 중국이 한반도에 대한민국을 어떻게 생각하는지를 극명하게 보여주는 대목이 있다.

　도널드 트럼프 미국 대통령은 지난 4월 12일《월스트리트 저널》과의 인터뷰에서 시진핑 중국 주석과 나눈 대화를 언급했다. "시 주석은 중국과 한국의 역사 이야기를 했다. 지난 수천 년 동안 많은 전쟁을 벌였고, 한국은 실제로 중국의 일부였다고 했다. 북한이 아니라 한국 전체Not North Korea, Korea였다고 말했다."

　중국은 도광양회韜光養晦의 시기를 지나 위대한 중국의 꿈中國

夢을 외치며 새로운 제국으로 치닫고 있다. 자국의 국익을 위해서라면 주변국과의 마찰쯤은 아랑곳하지 않는다. 오로지 힘의 논리로 모든 문제를 해결해 나가고 있다. 중국의 베트남, 필리핀, 일본과의 영토 분쟁은 강 건너 불이 아니다. 이미 중국은 동북역사공정 논란, 방공식별구역 침범, 중국어선 불법조업 분쟁 등 오로지 힘의 논리로 우리를 압박하고 있다. 급기야 국제 규범상 있을 수 없고 용렬하기 그지없는 사드 보복을 자행하고 있다.

그리고 대한민국의 운명이 걸린 북한의 핵과 미사일 위협에 대응하는 중국의 태도를 볼 때, 대한민국에게 중국은 무엇인가.

문재인 정권의 이념적 반미주의와 낭만적 자주주의는 감성적 친중주의로 연결되고 있다. 이들의 친중주의는 역사적 연원이 있는 것도 아니고 대한민국 현실을 고민한 결과물도 아니다. 나는 감성적 친중주의는 문재인 정권 핵심 세력의 역사관, 즉 반미주의에 기인한다고 생각한다.

미국에 대한 존재론적 불신과 반대가 기계적으로 중국에 대한 기대와 의존으로 나타는 것, 그것이 감성적 친중주의이다.

그간 문재인 정권 핵심 세력이 보인 사드 관련 행태를 보면, 이들이 생각하는 우방이 과연 누구인지 가히 짐작할 수 있다.

작년 사드 문제가 불거진 이후 민주당 일부 의원이 보인 친중

행태를 떠올려 보자. 중국의 사드 보복을 구실로 초선의원 몇 명이 사드 특사인양 중국으로 건너가 일부 정부 관계자와 회담을 하는 등 요란한 행보를 보였다. 어찌 보면 참으로 낯설고 갑작스러웠다. 그러나 이들에게 미국과 사드 배치는 한반도 평화를 위협하는 존재이고, 중국과 사대 반대는 한반도 평화를 바라는 존재임이 분명했다. 결국 이들의 중국 방문은 결과적으로 중국 정부에 이용만 당한 모습으로 끝났다.

핵과 미사일에 대한 중국의 입장은 분명해 보인다. 중국에게 북한 핵과 미사일은 자국의 이익 차원에서 실보다는 득이 크다고 판단한다. 즉 중국을 위협하는 국익의 손실보다 동북아에서 미국의 영향력 감소와 중국의 반사이익으로 국익의 증대가 더 크다고 판단하는 것이다.

현 정권이 감성적 친중주의에 경도되어 있지 않다는 것을 보이려면 중국에 대해 다음과 같이 요구해야 한다.

'북한의 핵과 미사일 문제를 해결하기 위해 말이 아닌 행동을 보여야 한다. 진정 동북아의 안전과 평화를 원한다면 중국은 북한의 핵 폐기를 목표로 한 근본적인 대책을 주도해야 한다. 북한 경제와 군사의 생명줄인 원유 공급을 즉각적이고 전면적으로 중단해야 한다. 그렇지 않으면 사드 배치 반대는 물론 그 어떤 형태의 사드 보복도 즉각 중단해야 한다'고 말이다.

대한민국이 미국과 손잡고 중국에 무조건 반대하자는 것이 아니다. 다만 가장 현실적이고 즉각적인 위협인 북한의 핵과 미사일을 대처함에 있어, 나아가 통일 한국의 꿈을 실현해 나감에 있어, 미국과 중국 중 어느 나라가 대한민국의 국익 수호에 도움을 줄지 냉정하게 판단하자는 것이다.

4. 북한의 절대무기에 대한 우리의 대응

　북한의 ICBM은 '절대무기'이다. 핵과 결합하여 가공할 파괴력을 지닌다. 대기권을 뚫고 비행이 가능하여 북반구에서 도달하지 못할 곳이 없다. 북한의 핵과 미사일 기술은 지금 이 순간에도 진일보를 거듭하고 있고 조만간 실전 배치되어 대한민국과 우리 우방을 정조준할 것이다.
　절대무기에 대해 재래식 무기 체계는 아무런 의미가 없다. 절대무기에는 절대무기밖에 대응할 수단이 없다.

　지금 우리에게 북한의 절대무기에 대응하여 운영할 수 있는 절대무기는 없다. 우리가 기대할 수 있는 절대무기는 두 가지밖에 없다. 자체 핵무장 또는 핵우산 둘 중 하나이다. 핵무장은 현실적으로 갈 길이 너무 멀다. 우리의 선택은 결국 핵우산이다. 핵우산은 두 가지로 나뉜다. 직접적으로는 전술핵을 재배치하는 것이다. 간접적으로는 대한민국이 치명적인 핵 공격을 받을 위험이 있거나 받았을 경우 미국이 선제 핵 공격을 가하거나 핵 보복 공격을 가할 것임을 천명하는 것이다. 어떤 경우라도 핵우산은 굳건한 한미 동맹에서 나온다.

　물론 중국은 미국의 전술핵 재배치를 절대 반대할 것이다.

미국 또한 중국·러시아와의 관계를 고려하여 다른 형태의 핵우산 제공을 검토한 연후에 전술핵 재배치는 가장 마지막에 고려할 것이다.

한반도 비핵화 선언은 사문화된 지 오래다. 북한은 그 어떤 경우에도 핵을 포기할 가능성이 없어 보인다. 북한의 핵과 미사일 실전 배치를 막지 못한다면 우리도 핵을 보유할 수밖에 없다. '공포의 균형' 전략만이 유일한 길이다. 한미 동맹 차원에서 미국의 전술핵 재배치를 논의할 수밖에 없는 상황이 점점 현실이 되고 있음을 잊어선 안 된다.

제4장

문재인 정권 역사관 비판
: 대한민국 현대사 부정, 단절적 역사 인식

대한민국 역사에 분노를 퍼붓는 역사 인식

국가 지도자의 역사관은 통치의 근간이자, 국정 방향의 원천이다. 역사 인식으로부터 국정 기조가 나오고, 그 기조 아래 정부 정책의 방향이 설정된다. 그렇다면 적폐청산론을 잉태한 문재인 대통령의 역사관에 담긴 대한민국의 모습은 어떤 것일까.

문재인 대통령의 역사 인식을 응축적으로 보여주는 것이 있다. 후보 시절인 지난 3월 1일 자신의 페이스북에 "청산하지 못한 친일 세력이 독재 세력으로 이어지고 민주공화국을 숙주로 삼아왔다"고 썼다. 같은 날 3·1절 기념행사에서 "아직도 국민이 진짜 주권자가 되는 나라를 만들지 못했다"고 말했다. 정권 출범과 동시에 '적폐청산'을 국정 제1과제로 천명했다.

또한 문재인 대통령은 선거 전에 출간된 대담집《대한민국이 묻는다》에서 이렇게 말했다. "친일 세력이 해방되고 난 이후에도 여전히 떵떵거리고 독재 군부 세력과 안보를 빙자한 사이비 보수 세력은 민주화 이후에도 우리 사회를 계속 지배해 가고… 그래서 대청산, 대개조, 시대교체, 역사교체, 이런 식의 표현을 합니다."

대한민국의 현대사는 세계가 경이롭게 바라보는 성취의 역사였다. 식민지의 고통과 전쟁의 폐허를 뚫고 세계에서 가장 가난한 나라를 가장 단기간에 선진국 문턱까지 밀어 올린 산업화 성공의 유례없는 모델이었다. 한편으로는 산업화와 함께 국민 모두가 참여하여 민주화도 동시에 달성한 나라였다. 그동안 대한민국은 평화적 정권 교체의 전통을 확립하였다. 심지어 대통령도 헌법이 정한 탄핵 절차로 파면까지 시킨 나라이다.

그럼에도 불구하고 문재인 대통령은 대한민국의 역사적 성취를 부정하고 있다.

문재인 대통령의 일생은 대한민국 현대사와 일치한다. 문재인 대통령이야말로 대한민국이 심혈을 기울여 길러낸 최고의 인물이다. 그런 대통령이 조국의 역사를 부정하는 것은 참담하다. 자기 나라의 역사를 부정하는 사람이 국가 지도자가 되는 것이 옳은 일인지 묻지 않을 수 없다. 설사 국가 지도자가 되어도 진정한 국민 통합의 지도자가 되기 어렵다.

문재인 대통령의 적폐청산론은 분노와 부정에 근거하고 있다. 돌이켜 보면 문재인 대통령의 역사관은 새삼 새로울 바가 아니다. 노무현 전 대통령은 이미 '대한민국은 반칙과 특권의 역사'라고 규정한 바 있다.

또한 노 전 대통령은 "대한민국은 미국을 등에 업은 자본주의 분열 세력이 세웠다… 통합 세력은 모조리 패배해 버리고 분열 세력들이 각기 득세를 했다. 그 뒤 미국을 등에 업은 남한의 정부는 반공을 자기 존립의 근거로 삼았다"고 말했다. 이런 발언은 오늘날 문재인 대통령의 발언과 일맥상통한다.

악으로만 가득 찬 역사도 없고 선으로만 가득 찬 역사도 없다. 그래서 역사에 공과功過를 따지는 것이 일반적 상식이다. 그럼에도 문재인 대통령에게 대한민국 현대사는 공과의 대상이 되지 못한다. 단지 부정의 대상일 뿐이다.

노무현 정권 시절 독립기념관장에 김삼웅 씨가 임명되었다. 그는 '2차 대전 이후 가장 반민족적 세력이 만든 나라가 대한민국'이라고 했던 인물이다. 무슨 설명이 더 필요한가.

이런 역사관은 어디에서 기인하는가. 그것은 다름 아닌 80년대 운동권의 역사관에 뿌리를 두고 있다. 이것은 학문적으로 이른바 수정주의 역사관에 근거해 있다.

1. 대한민국을 부정하는 집단신념

노무현 전 대통령은 재임 중에 "(나는) 학번으로 따지면 83학번쯤에 해당하고… 30대 후반인 386세대 청년들과 인연을 맺고 역사를 같이했다"고 술회한 바 있다. 이를 통해 노무현 전 대통령 그리고 그와 일생을 함께 고락한 문재인 대통령의 역사관이 그들의 '정신적 친구들'인 80년대 운동권의 역사관에 뿌리를 두고 있음을 알 수 있다.

더구나 지금은 청와대 비서실장과 핵심 비서관 자리가 80년대 운동권 출신들로 대부분 채워져 있다. 국가 최고 권력 기구가 이처럼 동류 집단 일색으로 구성된 적은 없었다. 과거 독재정권 시절 이른바 '육법당'이라는 말이 회자되었다. 육사 출신과 서울대 법대 출신이 양대 산맥을 이뤘다는 뜻이다. 그러나 문재인 대통령의 청와대 안에는 80년대 운동권 동문회관이 있는 것이나 마찬가지다.

80년대 운동권의 대한민국에 대한 인식은 다음과 같이 요약할 수 있다.

대한민국은 친일 세력들이 미국을 등에 업고 세운 나라로, 이들 친미 사대주의 분열 세력이 국민의 통일 염원을 외면한 채 단독 정부를 수립함으로써 분단의 길을 열었다. 또한 6·25전쟁은 미국과 그 주구들에 맞서 싸운 민족해방전쟁으로, 누가 일으켰는지는 그리 중요한 게 아니며, 전쟁과 분단의 근원적 책임은 남한 정부와 미국에게 있다. 이 민족해방전쟁은 외세의 개입으로 길어졌고, 그로 인해 통일의 기회를 놓쳤다… 대한민국의 산업화는 대미·대일 종속의 심화 과정이었으며, 대한민국은 미국의 (신)식민지에 불과하다.

80년대의 운동권은 북한중심사관, 신식민지사관을 역사 인식의 기반으로 삼고 있다. 그들은 노골적으로 대한민국을 잘못된 역사로 규정하고, 북한이 아쉽게도 통일의 기회를 놓쳤다고 한탄한다. '민족해방전쟁'은 그들의 '민족해방NL'의 기원인 것이다.

그러나 만약 대한민국 현대사가 공산국가 건설의 역사가 되었다면, 지금 우리에게 어떤 일이 벌어지고 있을지는 생각하기도 싫다. 소련의 해체와 더불어 공산주의는 역사에서 막을 내렸다. 이와 함께 우리나라도 세계사의 흐름에서 낙오되고 말았을 것이다.

지난 6월 29일 미국을 방문한 문재인 대통령은 방미 첫 일정으로 장진호 전투기념비에 헌화하며 연설을 했다. "장진호 용사들이 없었다면, 또한 흥남철수작전의 성공이 없었다면, 제 삶은 시작되지 못했을 것이고, 오늘의 저도 없었을 것"이라고 말했다.

그런 월남 가족의 아들을 대통령으로 키워준 것이 바로 대한민국이다. 문재인 대통령 자신이야말로 대한민국이 기회의 나라임을 온몸으로 보여준 인물이다. 그런 대한민국이 긍정할 부분은 없고 오로지 부정의 대상인지 묻지 않을 수 없다.

우리나라는 경제적 측면에서 미국과의 교역에서 지난 수십 년 동안 엄청난 흑자를 기록하고 있다. 물론 군사적 측면에서는 한미동맹을 안보의 근간으로 삼고 있다. 그러나 자주적 안보란 감상적 이상일 뿐, 현실적으로 자주 안보를 달성한 나라는 거의 없다.

일본은 수십 년 동안 미국의 동북아 전략에 편승해 번영을 누렸다. 심지어 미국이나 중국도 전 세계적으로 어떻게 동맹을 맺어 안보 문제를 해결할지 고심하고 있다. 혼자 안보 문제를 완결 지을 수 없는 것이 냉엄한 현실이다. 얼마나 동맹을 잘 맺느냐가 안보의 핵심이다.

하지만 그들에겐 어떠한 '사실'도 소용이 없는 듯하다. 현실을 외면하고 대한민국 현대사를 부정한다. '2차 세계대전 이후 가장 반민족적 세력이 만든 나라가 대한민국'이라는 신념은 어느 개인의 신념이 아니라, 그들의 '집단신념'이다. 개인의 신념이 아니라 바꾸기도 어렵다.

2. 왜 그들은 잘못된 집단신념을 버리지 못하는가

　80년대 학생운동의 특징은 두 가지 측면으로 나눠볼 수 있다. 하나는 군사독재 연장에 대한 항거였다. 한마디로 민주화운동이었다. 다른 하나는 사회주의 혁명을 통한 대한민국 체제의 전복이었다. 한마디로 사회주의 혁명운동이었다. 당시 학생운동은 이 두 측면이 맞물려 돌아갔다.

　그러나 우리 사회, 특히 90년대 야당 정치권은 정치적인 필요로 말미암아 80년대 운동권 출신들에게 민주화운동 경력만을 부각시켜 주었다. 그들이 추구했던 이념과 가치에는 아무런 이의도 제기하지 않았다. 이런 분위기 속에서 그들은 자신이 가졌던 잘못된 이념과 가치에 대한 진지한 성찰과 고백의 과정 없이 제도권 정치에 진출했다.
　물론 그들 중에 아직도 혁명과 체제 전복을 꿈꾸는 사람은 없을 것이다. 그러나 그들은 과거 잘못된 이념의 기저를 이루는 감상적 가치와 선험적 지식들과 완전히 결별하지 않았다.

　80년대 운동권은 제도권 정치에 진입한 후 다른 사람들과 마찬가지로 생존을 위해 싸웠다. 그들은 운동권이라는 경력을 매개로 세력을 형성했고 운동권의 투쟁 경험을 권력 확대의 노하

우로 활용했다. 그리고 각 분야로 진출한 80년대 운동권 출신들과 촘촘한 네트워크를 만들어냈다.

그들은 자신들의 잘못된 이념과 가치를 성찰하거나 고백하지 않고 운동권의 경력과 경험을 정치 전략의 도구로 삼았다. 정치적 상대 세력들에 대해 반민주적 적폐, 반역사적 적폐라는 낙인을 찍고 정치권 내의 동류 그룹은 물론 각 분야에 포진된 네트워크를 동원하여 공격했다.

그들은 정치적 고비마다 하나로 뭉쳐 상대 세력을 제압했다. 이들을 하나로 묶은 것은 과거 공유했던 이념과 가치, 운동 경험 그리고 정치적·사회적 이익이었다. 정치권은 물론 각 분야에서 그들의 위치는 공고해져 갔다.

그들의 집단신념은 두 가지 측면에서 변하기 어렵다. 하나는 본질적으로 진지한 이념적 성찰과 고백의 과정이 생략됐다는 점이다. 또 하나는 운동권 경력과 경험을 정치 투쟁 등 자신들의 입지 강화에 활용하고 있다는 점이다. 이런 두 가지 측면이 혼합되면서 대한민국 현대사 부정이라는 그들의 집단신념은 강화되고 권력 강화의 수단으로 심화되고 있는 것이다.

그들의 집단신념은 정치 현장과 사회 각 분야에서 '나는 선, 상대는 악'이라는 선악관으로 나타난다. 그들이 집단신념을 고

수하는 한 상대는 타협이나 협치의 대상이 될 수 없다. 상대는 단지 악이고 타도의 대상일 뿐이다.

문재인 대통령은 적폐청산을 국정 제1과제로 천명했다. 그리고 보수 세력을 '친일에서 반공으로 또는 산업화 세력으로, 지역주의를 이용한 보수라는 이름으로, 이것이 정말 위선적인 허위의 세력'이라고 규정한다.

이처럼 문재인 대통령 역사 인식은 80년대 운동권의 집단의식과 일치한다. 80년대 운동권의 집단의식이 주도하는 자리에는 협치나 타협이 존재할 수 없는 것은 분명한 사실이다.

3. 대통령의 현대사 공격은 자기 부정

　대한민국의 경제 발전은 세계적으로 유례를 찾기 어려운 성취의 역사이다. 식민지의 고통과 전쟁의 폐허 속에서 불과 수십 년 만에 세계 10위권, 국민소득 3만 달러에 육박하는 나라 경제를 일궜다.

　또한 산업화와 함께 민주주의를 이만큼 꽃피운 나라도 대한민국이 거의 유일하다. 대만, 싱가포르, 홍콩 등 아시아의 '용'들이 경제 발전에는 성공했지만, 민주주의에서 우리를 따라오기 어렵다.

　이러한 번영은 보수나 진보 세력이 혼자만 이룩한 것이 아니다. 우리 국민 모두의 눈물과 땀으로 이룩한 '우리'의 역사이다. 이것이 '우리'의 역사라고 받아들일 때 공과를 따져 교훈을 얻을 수 있다.

　역사는 도덕률로만 좌우되지 않는다. 대한민국은 우여곡절 끝에 자유민주주의와 시장경제를 기반으로 한 민주주의 진영의 일원 국가로 출발했다. 당시 공산주의 진영의 국가로 출발하지 않은 것은 그 이후 세계사의 흐름에 비추어 다행스러운 일이었다. 대한민국이 지난 70년을 공산국가로 보냈더라면 지금 어떻게 되었을지 분명한 노릇이다.

과거 군사정권은 반공 정책을 앞세워 정권의 입지를 다졌다. 군사정권에게 탄압을 받았던 진보 세력은 반공 정책을 악의 정책이라 비판한다. 그러나 반공 정책도 역사적 맥락 속에서 평가되어야 할 필요가 있다. 당시는 세계적으로 냉전 시대였다. 냉전의 최전선에 남북이 대치한 상황에서 반공 정책은 냉엄한 국가 생존 전략이었다. 다만 그것이 국내 정치에 이용되고 인권 탄압에 악용된 것은 또 다른 문제이다. 당연히 그것은 그것대로 규명되고 비판받아야 한다.

여느 역사와 마찬가지로 대한민국 현대사도 결코 지고지선至高至善한 역사가 아니다. 가혹한 독재도 있었고 혹독한 고문도 있었다. 역사의 한 순간 한 사건만 놓고 보면 기가 막히고 참담한 일도 부지기수로 많았다. 그러나 대한민국의 30년, 50년, 70년을 놓고 보면 세계가 부러워하는 자랑스러운 역사임이 분명하다.

지금 문재인 정권의 핵심 세력은 대한민국 현대사를 부정하고 '적폐'로 쓸어버려야 할 역사라고 주장한다. 우리는 다음 세대에게 역사의 공과와 교훈을 균형 있게 가르칠 책무가 있다.

역사를 일방적으로 미화하자는 것이 아니다. 그 옛날 청나라에게 당했던 피로인被擄人의 절망과 속환녀(환향녀)의 수치도 있었다. 세계사의 흐름을 외면하다 일본에게 나라를 빼앗겨 식민지의 고통과 위안부 할머니의 비극도 겪었다.

그러나 그런 절망과 수치, 고통과 비극을 딛고 지금 우리는 자랑스러운 대한민국을 건설해가고 있다.

4. 70년대식 보수와 80년대식 진보의 데자뷰

보수 세력은 1948년부터 1997년 정권 교체까지 꼬박 50년을 연달아 집권했다. 그 이후 20년은 거의 10년씩 보수 세력과 진보 세력이 교대로 정권을 담당했다.

주지하다시피 그간 보수 세력의 핵심 가치는 성장신화와 안보제일주의였다. 한때 이것들은 전가의 보도였다. 그러나 시대가 변해가면서 그것들의 가치와 효용성이 날로 떨어졌다. 원조 보수라 일컬어지는 에드먼드 버크조차 '보수는 보수의 정체성을 지키기 위해서라도 개혁해야 한다'고 했다. 그러나 대한민국의 보수 세력은 변신을 꾀하지 않고 과거의 영광에 안주했다. 웰빙족이라는 비아냥을 들어도 꿈쩍도 하지 않았다. 급기야 보수 정권의 대통령은 헌법 질서를 위배했다는 오명을 쓰고 탄핵되었고 보수정당은 분열되었다.

변화에 적응하지 못하는 생명체는 도태한다. 이것이 오늘날 보수가 자초한 자신들의 참담한 현실이다. 지금 보수의 모습은 마치 환경의 변화에 적응하지 못한 몸집 큰 짐승이 제 풀에 주저앉은 꼴이다. 아마 그 몸집으로는 다시 일어나기 어려울지 모른다. 뼈를 깎는 자기 혁신을 통해 다시 일어날지, 그 몸집 그대로 썩어 버릴지 아직 예단하기 어렵다.

반면 이전 10년간 집권했던 진보 세력은 이번에 9년 만에 집권에 성공했다. 그러나 이전과는 분명 다른 점이 있다. 지난 번 집권 때만 해도 정권의 주류 세력은 제도권에서 성장한 진보적 인사들이었다. 운동권 출신은 어디까지나 보조용이고 구색용이었다.

그러나 이번에 9년 만에 권력 일선에 복귀한 진보 세력은 완전히 세대교체를 이뤘다. 더구나 그 핵심 세력은 80년대 운동권 세력이다. 그들은 권력의 다수를 점한 것이 아니라 권력의 '전부'를 차지했다. 청와대·정부·집권여당의 핵심에 80년대 운동권 출신이 포진했다. 문재인 정권은 가히 80년대 운동권 정권이라고 해도 무방하다. 인적 구성도 그렇고 가치 측면에서도 그렇다.

그러나 그들의 가치나 신념은 80년대에서 진화를 멈춰 있다. 이것은 마치 보수가 70년대에서 변화하지 못한 것과 다를 바 없다. 놀랄 만한 데자뷰déjàvu이다. 지금 80년대 운동권 세력은 자기들을 70년대식 보수 세력의 데자뷰라고 하면 펄쩍 뛸 것이다.

그러나 냉정히 바라보면 완전 판박이다. 그들은 과거 80년대 운동권의 논리와 경험에 젖어 굳이 수고롭게 변화와 진화를 모색하지 않는다. 진화를 멈추면 도태된다. 이대로 가면 80년대 운동권이 주축이 된 진보 세력의 운명도 충분히 짐작된다.

아마도 과거에 얽매여 변화를 거부하는 세력들이 좌우에서 모두 몰락하는 시점이 새로운 대한민국의 출발점이 될 것이다. 그때를 위해서라도 우리는 역사에서 교훈을 찾으며 부단히 미래를 준비해야 한다. 그리고 당장 할 일이 있다면 해야 한다.

제5장

바람직한 국가 개혁 방향 모색

국가 개혁, 도전과 응전

문명은 도전이 있어야 이에 효과적으로 응전해서 탄생한다고 말한다. 그러나 오늘날 상황은 다르다. 아마도 도전이 없어서 문명이 발전하지 못할 경우는 없을 것이다. 지금 세계 각국은 동서양을 막론하고 전방위적으로 다양한 도전에 시달리고 있다. 거의 대부분의 나라들이 저마다의 긴박한 시대적 과제를 안고 있다. 더구나 글로벌화로 인해 시대적 과제도 점점 유사성을 띠어 가고 있다.

이런 시대적 도전에 성공적으로 응전하여 더욱 부강해지는 나라도 있고, 적절하게 응전하지 못해 나락으로 떨어지는 나라도 있다.

최근 성공적인 응전의 대표적 사례로는 독일의 하르츠 개혁이 있다. 노동시장을 개혁하고 국가 재정을 절감하고 기업 활동을 촉진시켰다. 이를 통해 독일은 '유럽의 병자'라는 오명을 벗고, 세계적인 1등 국가로 재탄생했다.

프랑스는 지난 5월 "자유로운 노동시장을 만들고 기업에 대한 지원을 확충하기 위해 혁신을 장려하겠다"고 외친 39세의 마크롱을 대통령으로 뽑았다. 마크롱 대통령은 당선되자마자 독일과 마찬가지로 노동 개혁, 재정 개혁, 기업 활성화 등을 골자로 한 개혁안을 제시했다. 자신이 만든 신생 정당 '전진하는 공화국'이

총선에서 압승함으로써 마크롱 대통령의 개혁 구상은 곧바로 현실화될 태세이다.

한편 잘못된 응전으로 나락으로 떨어진 나라도 있다. 그리스는 1980년대 여야 정치권이 경쟁적으로 포퓰리즘 정책을 펼친 결과 국가 활력이 급속도로 훼손되었다. 인구 1000만 명인 나라에 공무원 숫자만 100만 명에 육박할 정도로 국가 운영이 방만해졌다. 2009년 디폴트 위기에 몰렸고 지금도 국제구제금융으로 간신히 버티고 있는 실정이다.

남미의 베네수엘라 사정은 더욱 심각하다. 베네수엘라의 석유 매장량은 세계 1위이다. 석유가 대외 수출액의 95%를 차지한다. 유가가 고공 행진할 때는 모든 것이 순조로웠다. 석유에서 얻은 막대한 수익을 오로지 포퓰리즘 정책에 쏟아부었다. 유가가 폭락하자 순식간에 국가 기능이 마비 상태에 빠졌다. 석유에서 얻은 부를 오히려 나라 망치는 방향으로 쓴 셈이다.

성공적인 사례와 실패한 사례에는 각각 공통점이 있다. 성공적인 응전은 한결같이 노동 개혁, 사회안전망 재구축, 재정 개혁, 비즈니스 혁신 등을 하나의 패키지package로 추진하고 있다. 반면 실패한 응전은 하나같이 근로자중심, 공공부문 확대, 무차별적인 복지 등 단편적이고 편향적인 정책으로 일관하고 있다.

지금 우리 사회에도 다양한 국가 개혁 담론이 제시되고 있다. 그중에서 주목해 볼만한 것이 변양균 전 기획예산처 장관, 김병준 국민대 교수(전 청와대 정책실장), 김대호 사회디자인연구소 소장 등의 국가개혁론이다. 이들의 담론에는 각각 초점은 달라도 공통점이 있다. 이들의 공통점은 세계적으로 성공적인 응전 사례들의 공통점과 일맥상통한다.

세계적으로 글로벌화는 심화되고 우리나라는 이 흐름에서 한 치도 벗어날 수 없는 경제 구조를 갖고 있다. 그런 점을 고려하면 위의 3인의 국가개혁론이 성공적인 응전 사례와 유사한 것은 당연한 일이다. 그럼에도 불구하고 지금 문재인 정권의 국가 정책은 이러한 세계적 추세에 '역주행'하고 있다.

1. 성공적인 응전 : 독일 하르츠 개혁, 프랑스 마크롱 개혁

독일의 하르츠 개혁

사민당의 게르하르트 슈뢰더 전 총리(집권 기간 1998~2005)가 집권하고 있던 2002년의 독일은 지금과 달랐다. 당시 독일의 별명은 '유럽의 병자'였다. 통일 이후 12년 동안 독일은 높은 실업률과 낮은 생산성에 시달리고 있었다. 국민들의 자존감은 땅에 떨어졌다. 특단의 대책이 필요한 순간이었다.

이때 슈뢰더 총리는 '노동 개혁' 카드를 뽑아 들었다. 그는 '독일식 유럽병'의 근본 원인을 강성 노조로 인한 경직된 노동시장과 방만한 복지 재정이라고 판단했다. 노동시장 개혁을 위한 위원회(위원장 페터 하르츠 폭스바겐 인사담당 이사)가 구성되었다. 위원회는 대부분 민간 전문가로 구성되었다. 거기서 내놓은 것이 하르츠 개혁안이다.

4단계의 개혁안은 입법 과정을 거쳐 차례로 시행되었다. 2003년 1월 곧바로 시행된 하르츠 I, II 개혁안은 규제 완화를 통해 임시직 고용을 증진하고 직업소개기관을 양성하며 실업자들에게 유급 직업교육을 강화하고 미니잡minijob과 미드잡midjob이라는 소규모 소득 일자리를 늘려 전체 일자리를 확대하는 대책을 담고 있다. 2004년 1월부터 시행된 하르츠 Ⅲ 개혁안은 정부 고용 지원 시스템을 전면적으로 개편하는 방안을 담았다.

마지막으로 2005년 1월부터 시행된 하르츠 Ⅳ 개혁안은 가장 핵심적이고 논쟁적인 내용을 담았다. 재정 지출을 줄이기 위해 정부 보조금을 통폐합하는 등 강도 높은 재정 개혁 방안이었다. 보조금 지급 조건이 까다로워졌고 수혜 대상도 당장 수십 만 명이 줄었다. 한편 실업자들이 노동시장에 쉽고 많이 진입할 수 있도록 경직된 노동시장을 유연화했다. 이를 위해 비정규직 일자리를 활성화했고 취업을 촉진하는 기관과 제도를 강화했다.

슈뢰더 총리는 노동 개혁만 추진한 게 아니었다. 전반적인 국가 개혁 방향과 정책을 담은 '어젠다 2010'을 제안했다. 그 안에는 노동 개혁(하르츠 개혁) 이외에도 사회보장 개혁, 세제 개혁, 경제 활성화 방안 등이 망라되었다. 요지는 노동 개혁과 동시에 방만한 복지 제도를 정비하고 정부 재정을 절감하겠다는 것이다.

당연히 슈뢰더의 개혁은 큰 저항을 불러왔다. 특히 노동단체와 서민들로 구성된 사민당 지지층의 격렬한 반발을 불러왔다. 결국 2005년 11월 총선에서 사민당이 패배하고 슈뢰더 총리는 실각했다.

그러나 놀라운 일이 벌어졌다. 슈뢰더 총리의 뒤를 이은 기민당의 메르켈 총리가 슈뢰더의 개혁안을 그대로 계승한 것이다. 메르켈 연립 정부는 하르츠 개혁을 흔들림 없이 밀고 나갔다. 여러 차례 고비도 있었지만 결국 복지 재정 지출이 축소되고 규제는 완화되었으며 소규모 소득 일자리가 늘어나면서 실업률은 낮아졌고 경제는 활성화되었다. 지금 독일의 모습이다.

정치적 손해를 감수하고 개혁을 추진한 슈뢰더의 용기가 대단하다. 정권이 바뀌어도 전임자의 노선을 계승한 메르켈의 혜안도 놀랍다.

일부에서는 삶의 질이 떨어졌다는 불평도 없지 않다. 그러나 모두가 최상의 삶을 살 수 없다면 삶의 표준을 다소 낮춰 혜택을 나눠야 마땅한 일이다. 그것이 바로 개혁의 길이다.

하르츠 개혁은 강고한 정규직 대신 노동의 형태를 다양화하여 보다 많은 사람들이 노동시장에서 일하게 만들었다. 뒤에서 소개할 사회디자인연구소 김대호 소장이 정규직도 아니고 비정규직도 아닌 '중규직中規職'을 제안한 이유이기도 하다.

프랑스의 마크롱 개혁

프랑스는 지난 20년간 저성장과 높은 실업율에 허덕였다. 지난 5월 당선된 마크롱 대통령은 취임사에서 "프랑스의 국력 신장과 번영에 기여하는 모든 일을 할 것이다. (무엇보다) 자유로운 노동시장을 만들고 기업에 대한 지원을 확충하기 위해 혁신을 장려하겠다."라고 다짐했다. 6월 총선에서 그의 신생 정당인 '전진하는 공화국'이 압승하며 그의 개혁은 본격적으로 탄력을 받았다.

마크롱 대통령은 33.3%인 현 법인세율을 25%까지 인하하고 '부자 감세'를 실시하겠다고 밝혔다. 주식 채권 등에 부과하던 보유세는 아예 없애고, 배당소득에 대한 과세(일명 '부유세')도 대폭 인하하겠다고 약속했다.

동서고금을 불문하고 정치인에게 부자들의 세금을 깎아주는 정책은 금기이다. 그럼에도 불구하고 마크롱 대통령이 부자 감세를 추진하는 이유는 브렉시트Brexit로 런던을 탈출할 고소득 금융직 종사자 유치를 겨냥하는 것이다.

마크롱 대통령은 무엇보다 노동 개혁에 개혁의 사활을 걸었다. 지난 7월 13일 프랑스 하원은 노동시장 유연화 방안을 담은 노동법 개정 절차를 일반 법률이 아니라, 법률명령으로 추진하는 방안을 압도적으로 의결했다.

새 노동법에는 산별노조의 근로조건 협상 권한을 상당 부분 개별 기업에 돌려주고, 근로조건에 관한 사원투표 부의 권한을 사용자에게도 가질 수 있도록 하고, 부당해고 근로자에 대한 퇴직수당 상한선을 설정하는 방안들이 담겼다. 새 노동법의 목표는 한마디로 고용과 해고를 쉽게 하는 '노동시장의 유연화'이다.

　마크롱 대통령은 예상되는 노동단체의 반발에 대응하여 의회의 심의와 토론 기간을 대폭 단축하고 신속하게 개혁안을 처리하겠다고 공언했다. 프랑스의 '법률명령'은 최고 법령인 법률과 달리 대통령의 위임 입법 형식으로 마련된다. 공포와 즉시 효력을 지닌다. 그것은 의회의 사후 승인을 받으면 법률과 같은 지위를 갖게 된다.

　하원에서 통과된 정부안은 상원에서도 무난히 통과될 전망이다. 마크롱 대통령은 바캉스 시즌이 끝나는 8월 말까지 개혁에 반대하는 주요 노동단체들을 대상으로 대대적인 설득과 압박 작업을 벌인 후 9월 말까지 개정을 마무리한다는 방침이다.

　물론 개혁안에는 노동시장 개혁과 함께 사회안전망 재구축 방안도 담겨 있다. 실업자에 대한 직업교육을 확대하고, 실업급여 대상에 자영업자를 포함하는 것 등이다.

　사회안전망 재구축에는 막대한 재원이 필요하다. 이를 마련하기 위해 각 분야에 걸쳐 대대적인 재정 절감 방안을 실행할 계획이다. 국방비 절감을 둘러싸고 대통령과 합참의장이 충돌한 것도 그 단면이다. 그밖에도 지방공무원들의 반발, 정부 보조금 수급 단체들의 반발도 거세지고 있다.

마크롱 대통령은 취임 두 달 만에 지지율이 크게 떨어졌다. 그는 국방비 감축 문제로 합참의장과 충돌하는 과정에서 "내가 당신의 보스다"라는 말을 퍼부었다. 젊은 대통령의 권위적 태도와 개혁의 가속화에 따른 반발이 지지율 하락 원인으로 꼽힌다. 이처럼 개혁은 그 방향이 아무리 옳아도 정치적으로 성공하기가 쉽지 않다. 마크롱 개혁안이 향후 어떻게 추진될지 지켜볼 일이다.

독일의 하르츠 개혁을 포함한 '어젠다 2010'이나 프랑스의 마크롱 개혁안 모두 노동 개혁뿐만 아니라 복지 제도 개혁, 세제 개혁, 경제 활성화 방안을 망라하고 있다. 즉 패키지딜package deal을 개혁 추진 방법으로 삼고 있는 것이다. 개혁은 결코 단편적인 시도로 가능하지 않다.

문재인 정권도 이런 사례를 타산지석으로 삼아야 한다. 비정규직의 정규직 전환, 최저임금 인상, 근로시간 단축 등을 단편적으로 다뤄서는 안 된다. 종합적인 패키지딜이 효과적 방법이다.

2. 실패한 응전 :
그리스 포퓰리즘, 베네수엘라 국가자본주의

그리스 포퓰리즘

고대 그리스 문명은 인류 문명의 원천이다. 그들은 조상으로부터 풍부한 지적 자산과 찬란한 문화재를 물려받았다. 가만히 앉아서도 엄청난 관광 수입을 올릴 수 있다. 이렇게 남부럽지 않은 나라가 유럽의 문제아로 전락하는 데 걸린 시간은 그리 길지 않았다.

그리스의 재정 위기는 올해로 8년 차로 접어들고 있다. 하지만 국가부채(3300억 유로)가 여전히 국내총생산GDP의 180%에 달하고, 실업률이 25%가 넘는 등 여전히 파산의 수렁에서 벗어나지 못하고 있다.

그리스는 1980년 이후 사회당과 신민당이 경쟁적으로 포퓰리즘 정책을 펼쳤다. 평균임금과 최저임금을 인상하였고 무상교육과 무상의료를 실시했다. 복지를 확대하고 근로자 권리를 강화하였다. 연금 제도와 기초보장 제도가 대책 없이 확대되었다. 연금 종류만 130여 개에 달했다. 2014년 기준 연금 지출이 GDP 대비 17%대로, EU 회원국 중 여전히 1위다.

1980년대 이전 그리스의 공무원 규모는 30만 명 수준이었다. 그러나 사회당이 지지 그룹을 공무원으로 원칙 없이 채용하면서 공무원 문제가 촉발됐다. 이후 정권이 교체될 때마다 공무원 숫자가 늘었다. 더구나 법적 절차에 따라 공무원을 선발한 것이 아니라, 혈연, 인맥, 뇌물 등에 의해 마구잡이 채용이 이뤄졌다.

인구 1000만 명인 나라에서 공무원 규모가 2010년 기준 95만 명까지 급증했다. 그 결과는 천문학적인 액수인 공무원연금 지급 청구서였다. EU와 국제통화기금IMF은 철저한 공공부문 개혁을 구제금융 지급조건으로 내세웠다. 현재 그리스의 공무원 숫자는 67만 명까지 줄었지만, 다른 나라에 비해 인구 대비 공무원 규모는 여전히 크다.

상황이 이렇다 보니 민간부문의 활력은 극도로 위축되었다. 대규모 구조조정이 시행되면서 실업률이 치솟았다. 실업률은 지난 7년간 25%대로 고공 행진했고, 25만 개의 사업체가 문을 닫았다. 그럼에도 불구하고 여전히 자기 이익을 주장하는 각종 집단의 저항과 시위가 그치지 않고 있다.

베네수엘라 국가자본주의

지금 베네수엘라는 극심한 혼란을 겪고 있다. 차베스를 계승한 마두로 정권이 야당 및 반정부 세력과 충돌하여 국가가 거의 마비 상태다. 심지어 반정부 세력이 군사 기지를 습격하여 사망자가 속출하고 있다.

베네수엘라는 석유 매장량이 세계 1위이다. 이것을 효과적으로 이용한다면 건실한 국가 발전을 이룩할 수 있는 조건을 갖춘 나라이다. 그러나 베네수엘라는 석유로 벌어들인 돈을 포퓰리즘 정책에 쏟아부었다. 국가주의는 시장을 망가뜨리고 포퓰리즘은 대의민주주의를 파괴한다. 그 결과가 오늘날 베네수엘라의 참상이다.

1998년 당선된 우고 차베스 대통령(집권 기간 1999~2013)은 시장자본주의를 배척하고 국가자본주의를 채택했다. 그의 독특한 정책은 한때 '21세기 사회주의'라고 불리며 세인의 관심을 끌었다. 그러나 차베스의 국가자본주의는 포퓰리즘 독재, 재정 파탄, 국민 분열, 기업 파산, 대외 신인도 하락 등 참담한 국가 실패로 귀결되고 말았다.

차베스는 석유 산업에서 얻은 막대한 수익을 빈곤층에게 나눠줬다. 차베스 집권 기간 동안 빈곤율은 49%에서 25%까지 떨어졌다. 많은 국민들의 생활이 뚜렷하게 개선되면서 차베스는 빈민들의 영웅이 되었다. 지금도 빈민들에겐 그 시절을 그리워하는 향수가 짙다.

하지만 유가가 폭락하자 지난해 빈곤율은 73%까지 악화되었다. 더구나 살인, 납치 등 범죄가 기승을 부려 세계에서 가장 치안이 불안한 나라가 되었다.

차베스의 후계자인 마두로 정권은 극심한 경제난 속에서도 차베스 정책을 그대로 계승했다. 무상의료, 무상교육, 무상·저가 임대주택 제공 정책을 계속 추진하고 있다. 그런 이런 시스템은 이미 고장이 났고 형해화形骸化되었다. 설령 병원에서 처방전을 떼어도 약을 살 수 없는 식이다. 국제통화기금은 베네수엘라의 올해 성장률을 마이너스(-) 8%, 인플레율을 700% 이상으로 전망하고 있다.

2015년 베네수엘라 총선에서 16년 만에 야당이 압승했다. 이런 여세를 몰아 야당 및 반정부 세력의 저항은 점점 강력해지고 있다. 이에 맞서 마두로 정권은 지난 7월 30일 국민투표를 통해 제헌의회를 구성하였다. 이렇게 구성한 제헌의회가 국가의 모든 권한을 갖도록 입법 작업을 진행 중이다. 제헌의회를 방패삼아 마두로 정권의 반격이 시작된 것이다. 이처럼 끝이 안 보이는 대치와 혼란이 오늘날 베네수엘라의 현주소이다.

한때 우리나라에서는 일부 진보적 지식인과 진보 언론 사이에서 차베스를 칭송하던 풍조가 있었다. 차베스 혁명에 찬사를 보낸 서적도 여러 권 출판되었다. 그들은 차베스를 시장자본주의의 대안으로 국가자본주의를 실현하고 미국에 당당히 맞서고 있는 '위대한' 지도자라고 칭송했다. 그중에 어느 책에 대한 소개의 글이 가관이다.

"앞뒤 사정을 잘 모르는 사람들은 (차베스를) 그저 돈키호테 같은 사람으로 보겠지만, 그는 미 제국주의와 자본주의에서 민중을 해방시키고 있는 위대한 혁명가이다. (이 책은) 미 제국주의와 자본주의를 넘어 21세기 사회주의로 향하는 베네수엘라와 이 혁명적인 변화를 이끄는 차베스 대통령의 도전의 역사를 그리고 있다."

그들 중에 오늘날 베네수엘라의 모습을 직시하고 과거 자신의 오판에 대해 진지하게 성찰했다는 얘기는 듣지 못했다. 베네수엘라의 현실을 직시하고도 진지한 성찰을 하지 않는 한 그들의 사고방식은 구태를 깨고 제대로 진화하기 어렵다. 이것이 바로 오늘날 소위 진보가 80년대라는 울타리에 스스로를 가두고 있는 이유이다.

그리스와 베네수엘라는 우리에게 반면교사이다. 이 나라들의 실패는 대략 세 가지 원인으로 진단된다. 첫째, 무리한 복지 및 사회보장 지출로 재정 파탄을 야기했다. 둘째, 일방적인 근로자

중심의 노동 정책으로 생산성이 저하된 반면, 기업하기 좋은 정책은 전무하여 산업의 활력이 사라졌다. 셋째, 이런 바탕에는 무분별한 포퓰리즘과 대의민주주의의 오작동이 자리 잡고 있었다.

역설적이게도 포퓰리즘은 민주주의의 꽃인 선거에 의해 시작된다. 그런 점에서 최근 스위스 국민들이 기본소득(월 300만 원 지급) 관련 헌법 개정안을 국민투표에서 부결시킨 사실은 우리에게 진정한 국가 개혁의 길을 다시금 묻게 한다.

3. 대한민국의 응전 제안 : 변양균, 김병준, 김대호의 경우

노무현 정권 내각에 참여했던 변양균 전 장관, 노무현 정권 청와대 정책실장을 지낸 김병준 교수 그리고 사회디자인연구소 김대호 소장이 제시하는 국가 개혁 담론은 대한민국 국가 개혁의 방향과 목표 설정에 중요한 시사점을 제공한다.

이들의 시각은 결코 보수를 대표한다고 볼 수 없다. 변양균 전 장관과 김병준 교수는 노무현 정권에 핵심적으로 참여했던 인사들이고, 김대호 소장은 과거 운동권에 참여했던 중도 성향의 경제 전문가이다. 굳이 우파의 담론까지 복잡하게 끌어들일 필요도 없다. 이들이 내놓은 국가 개혁 담론에 비추어 보아도 문재인 정권의 국가 정책이 얼마나 과녁을 빗나가고 있는지 알 수 있다.

변양균 전 장관의 경우

변양균 전 장관은 지난 6월 《경제철학의 전환》이란 책을 냈다. 이 책은 우리 경제의 바람직한 진로를 거시적 관점에 제시한다.

변 전 장관은 정책 현장에서는 오랫동안 단기 효과에 연연하여 케인즈식 방식이 선호되었다고 지적한다. 케인즈식 방식은 금융정책과 재정 정책을 혼합하여 수요 확대를 겨냥한다. 그러나 장기적으로 분배 악화, 양극화 심화, 낙수효과 후퇴 등의 부작용이 뒤따른다. 지금 우리 경제가 바로 그런 덫에 빠져 있다고 진단한다.

따라서 4차 혁명 시대를 맞아 근본적인 방향 전환이 절실하다고 말한다. 그의 책명이 '경제철학의 전환'인 이유이다. 그는 기업가들이 노동·토지·자본의 생산 요소를 자유롭게 결합하여 '창조적 파괴'를 주도해야 한다고 말한다. 그래야 미래 성장이 담보된다는 것이다.

따라서 지금 절실한 것은 케인즈식 수요 확대가 아니라 슘페터식 '공급 혁신'에 의한 새로운 수요 창출이다. 이러한 슘페터식 혁신이 경쟁력 강화, 경제 성장, 일자리 창출의 해법이라고 말한다.

변양균 전 장관은 무엇보다 기업가가 생산 요소를 자유롭게 결합시켜 혁신을 이룩할 수 있는 환경이 조성되어야 한다고 말한다. '토지의 자유'를 위해 수도권 규제를 완화하고 그 이익을 비수도권과 공유할 것을 제안한다. '투자의 자유'를 위해 정부 규제를 포지티브 규제에서 네거티브 규제로 과감하게 전환할 것을 제안한다. '왕래의 자유'를 위해 플랫폼 국가를 지향하여 우수한 인력을 유치하자고 제안한다.

이런 과제 중에 가장 중요한 것은 역시 '노동의 자유'이다. 그는 노동의 자유, 즉 노동시장의 유연성을 강조하되, 그 자유가 사용자의 자유일 뿐만 아니라 근로자의 자유이기도 해야 한다고 말한다. 즉, 사용자나 근로자가 모두 자기 형편에 따라 노동을 자유롭게 선택할 수 있어야 한다. 이를 위해서 국가가 근로자에게 기본수요, 즉 주택, 보육, 교육, 보건, 의료, 안전 등을 제공해야 한다. 사회안전망은 근로자도 '노동의 자유'를 향유케 하는 기반이 된다.

변양균 전 장관에 따르면 평화 통일, 복지 국가, 삶의 질 향상 등은 목표이고, 국가 경쟁력 강화, 신성장 동력 산업 육성, 일자리 창출 등은 수단이다. 이때 목표는 자원을 소비하는 분야이고, 정작 자원을 만드는 것은 수단이다. 그러나 수단의 실행에는 갖가지 저항이 수반되고, 단순히 설득과 이해만으로 부족하다. 따라서 이해 당사자 간에 이익을 공유win-win할 수 있는 종합적인 패키지딜의 설계가 필요하다. 역사적으로 성공한 개혁은 모두 이런 형태를 취했다.

변양균 전 장관의 견해에 비추어 보면 문재인 정권의 초기 정책들은 수단이 아니라 온통 목표에만 집중되어 있다. 정작 자원을 만드는 수단은 아예 무시되고 있다. 더구나 패키지딜은 찾아볼 수 없고 오로지 '낮으면 올리고 높으면 내리는' 단편적이고 강압적 방식만 존재할 뿐이다. 더구나 생산 요소의 자유로운 결합을 통한 혁신에는 아예 아무런 관심조차 보이지 않고 있다.

그저 소득이 많아지면 '소득의 주도'로 나머지는 저절로 굴

러간다고 믿는다.

김병준 교수의 경우

김병준 교수는 최근 활발한 언론 인터뷰를 통해 자신의 생각을 적극적으로 개진하고 있다.

그는 무엇보다 분권화 전문가이다. 우선 국가·시장·공동체라는 세 바퀴의 수평적 분권화가 절실하다고 말한다. 우리나라의 경우 국가가 약해야 할 부분은 강하다. 수없이 많은 규제 등이 대표적이다. 반면 강해야 할 부분은 약하다. 사회 서비스 등이 대표적이다. 그럼에도 불구하고 현재 우리나라에서는 국가가 가장 강자이다. 시장은 여전히 국가보다 약자이지만 나름대로 상당한 성장을 하고 있다. 반면에 공동체는 거의 형성조차 되지 않고 있다고 지적한다.

또한 중앙-지방 간의 수평적 분권화도 절실하다고 말한다. 현행 지방자치는 정치권의 잘못된 대처로 엉망이 되었다. 무엇보다 중앙정부에의 예속을 철폐하여 지방에 진정한 자율과 책임을 주어야 한다. 이를 통해 경쟁과 혁신이 일어나게 해야 한다. 지금처럼 서울특별시와 울릉도에 똑같은 행정체계와 행정사무를 강요

해서는 혁신을 기대할 수 없다. 지역에 따라서는 의회만 구성하고 행정책임자는 의회가 외부에서 전문가를 스카우트하여 쓸 정도가 돼야 한다는 것이 그의 주장이다.

김병준 교수는 우리 사회가 자신도 모르는 사이에 '국가가 모든 것을 해야 한다'는 편견에 사로잡혀 있다고 말한다. 흔히 TV 고발 프로그램에서 쓰레기 불법투기를 다루며 '공무원은 무엇 하느냐'고 질타한다. 그러나 본래 그런 감시나 신고는 시민이 주로 하고, 공무원은 신고사항을 처리해야 한다는 것이다. 그런 것을 모두 국가가 하려면 공무원 숫자를 지금보다 몇 배로 늘려도 부족하다. 이것이 시민 자율이 중요한 이유이다.

또한 정치적 메시아는 절대로 없다. 지금 어느 누구도, 어떤 권력도 홀로 국가 전체를 이끌고 가기 어렵다. 시민들이 자유, 자율, 자기 책임을 갖고 움직이도록 해야 한다. 이를 통해 국가·시장·공동체가 수평적으로 균형을 이루고 중앙·지방이 수직적으로 균형을 잡아야 한다. 이것이 대한민국이 나아갈 방향이라고 제시한다.

김병준 교수는 노무현 전 대통령만 하더라도 시장과 공동체의 자율을 존중하며 문화를 바꿔 보려 고심했다고 회고한다. 그런 가운데 노무현 전 대통령은 한미 FTA 체결, 해외 파병, 제주 해군기지 건설 등 자신의 신념과 배치되는 듯한 정책도 과감하게 추진했다고 말한다. 그러나 현재 여권 내에서는 그런 신념을 가지고 그런 정책들을 긍정하는 사람은 찾아볼 수 없다고 평가한다. 그는 "민주당에는 노무현이 설 자리가 없다"고까지 말했다. 심지어 "친노와 친문은 다르다"고 주장했다.

김병준 교수는 무엇보다 문재인 정권이 시장을 외면하고 국가주의에 경도될지 모른다고 우려한다. 국가주의란 시장을 무시하고 국가 권력으로 모든 것을 재단하려는 주의·주장이다. 처음에는 권력의 칼이 효과적인 듯 보이지만, 차츰 시장의 부작용과 반발이 나타나게 될 것이다. 이때 정권은 대중을 동원하여 시장의 반발을 막으려는 유혹에 빠진다. 그는 문재인 정권이 국가주의와 포퓰리즘에 경도될지 모른다고 경고한다.

김대호 소장의 경우

대체로 노동유연성이 높은 선진국은 동일노동에는 일정 수준의 동일임금이 관철된다. 이에 따라 개별 근로자 임금은 그 사회의 평균임금에 수렴한다. 이에 반해, 우리나라는 대부분 하는 일(노동의 질)은 같은데 소속(자리)에 따라 처우가 큰 차이를 보인다.

심지어 몇 배나 차이가 난다.

 김대호 소장은 이처럼 직무별 임금 표준과 근로조건 표준이 없는 것이 가장 큰 문제라고 지적한다.

 상황이 이렇기 때문에 우리는 노동의 질을 끌어올리기보다 좋은 데 들어가기 위해 목숨을 걸게 된다. 교육 경쟁과 취업 경쟁이 과열될 수밖에 없다. 누구나 일한 만큼보다 더 받는 곳에 들어가려고 안간힘을 쓴다. 중소기업 대신 대기업을 선호하고 어떻게 하든 정규직이 되려고 애쓴다. 이런 현상이 반복되고 강화되어 노동시장 왜곡이 심화되고 있다.

 일단 좋은 데 들어간 사람, 즉 노동의 시장 가격보다 훨씬 더 받는 사람은 그 자리를 결사적으로 지키려고 한다. 이런 곳에서 해고는 살인이 된다. 이는 단순히 빈곤 때문이 아니다. 엄청난 격차와 (다시는 그런 좋은 직장에 들어갈 수 없다는) 절망감 때문이다. 따라서 좋은 직장일수록 노동력을 흡수하기는커녕 신규 채용을 극도로 꺼리는 역설이 발생한다.

 여기서 좋은 직장이란 한마디로 국가 독점 기업(공기업), 민간 독과점 기업(재벌 등), 규제 산업(금융기관 등)이다. 이러한 기업들은 유리한 지위를 활용해 (이른바 갑질을 통해) 과도한 이윤을 취하고 있다. 이로 말미암아 소속 근로자들에게 과도한 보수를 지급할 여력이 있다. 결국 이런 우월한 기업들과 소속 근로자들은 암묵적 카르텔을 이루고 있는 셈이다.

이런 환경에서 사람들은 일한 만큼보다 더 받는 곳, 특히 공공부문과 대기업 조직 노동의 근로조건을 표준(정상)으로 생각한다. 나머지는 저절로 비정상이 된다. 다수가 인정하는 표준(시장가격)이 없으니 만인의 만인에 대한 쟁취 투쟁이 벌어진다. 이때 힘이 센 자, 즉 공공부문과 대기업(갑) 및 독과점 기업 종사자는 쟁취에 성공하여 정상 수준에 도달하고, 힘이 약한 다수는 그 반대가 된다.

그럼에도 불구하고 현재 우리나라의 개혁 담론은 통일적이고 합리적으로 임금 제도(체계)를 정립하는 것이 아니라 비정규직(기간제, 임시직 등) 자체를 자본의 탐욕이 만든 '악'으로 규정하고 이를 축소하고 해소하는 방향으로 치닫고 있다. 이러는 사이에 정작 '동일노동-차별임금'이라는 핵심 부조리가 간과되고 있다. 비정규직을 규제하거나 없애자는 진보 측 개혁 담론도, 정규직의 보호가 과도하니 축소하자는 보수 측 개혁 담론도 모두 핵심을 놓치기는 마찬가지이다.

동일노동-차별임금이라는 악습이 존재하는 한, 어떠한 대책도 통하지 않고 갑을甲乙 간의 약탈은 해소되지 않는다. 이 상태에서 단순히 비정규직의 정규직화가 답이 될 수 없다. 실제로 효과적이고 절실한 것은 노동시장에 커다란 영향을 미치는 공공부문의 시대착오적인 고임금·호봉제를 개선하고, 동시에 민간부문에서는 임금 및 근로기준의 표준을 만드는 일이다.

적어도 동일노동-동일임금 원칙이 지켜지면 업종·규모의 칸막이를 넘어 노동이 자유롭게 흐르게 된다. 이것이 바로 노동의 자유요, 노동의 유연화이다. 유연한 노동시장에서 일한 것보다 적지도 많지도 않은, 바로 일한 만큼 보상받는 것이 목표가 돼야 한다. 따라서 노동 개혁의 방향은 정규직·정상도 아니고 비정규직·비정상도 아닌, '중규직'을 지향해야 마땅하다.

한국식 정규직은 주 40시간 이상 근로시간 및 과도한 고용 안정성을 보장받고, 또한 가파른 연공서열 및 사내 복지 혜택을 받는다. 이에 비해, 유럽식 정규직은 주 40시간 이상 근로시간 및 적정한 고용 안정성을 보장받되, 연공서열이나 사내 복지 혜택은 거의 없다. 유럽식 정규직이야말로 우리 기준으로 보면 바로 '중규직' 수준이다. 한국식 정규직을 유럽식 정규직으로 조정하면, 한국식 비정규직 문제도 그만큼 해소되는 것이다.

김대호 소장은 "(정부가 해야 할 일은) 공무원 월급 한 푼도 안 줄이고 (또한 시대착오적인 가파른 호봉제로 놔두고), 바보라도 할 수 있는 (비정규직의) 정규직 전환이 아니다. 직무별 임금 표준과 근로조건의 표준을 만드는 것이다."라고 호소한다. 무엇보다 공공부문은 정년보장직(영구직)을 최소화하고, 그 대신에 3년, 5년, 7년, 10년 계약직과 시간선택제 등 유연하고 다양한 고용형태를 창출해야 한다.

이런 구조적 문제를 고치지 않고 모든 근로자를 무조건 정규직으로 만들겠다는 것은 온 국민을 그리스행 급행열차에 태우는 것이나 다름없다는 것이 김대호 소장의 경고다.

제6장

나의 제언
: 우리 시대의 비전과 국가 개혁의 방향

1. 우리 시대의 비전

(1) 우리 시대의 비전은 〈지속가능한 복지국가〉이다

보수는 1948년부터 1998년까지 반세기 동안 집권하면서 산업화와 민주화라는 국가 목표를 달성했다. 그러나 국민적 공감과 지지를 새롭게 결집시켜 '산업화-민주화 이후'의 새로운 국가 목표를 제시하지 못했다. 김영삼 정권에서 세계화를 국정 방향으로 제시했고 노동 개혁을 추진했지만 성공하지 못했다. IMF 사태를 거치면서 1998년 보수에서 진보로 최초로 정권 교체가 이루어졌다.

처음으로 집권한 김대중-노무현 진보정권은 IMF 사태를 극복하고 우리 사회를 개방적 분위기로 탈바꿈시켰다. 사회 각 분야에서 그간 나라를 이끌어왔던 가치와 주류 세력을 교체했다. 긍정적인 변화도 있었지만 선진국 진입의 동력은 상실했다. 노동시장 이중구조가 자리 잡고 양극화가 심화되면서 저성장 기조가 고착화되었다. 세계적인 경제 호황을 지렛대 삼아 과감한 국가 개혁에 나서는 데 실패했다.

2008년 보수는 정권을 되찾아 9년간 집권하여 새로운 국가 개혁을 추진했지만 결국 난관을 극복하는 데 실패했다. 더구나 박근혜 정권은 국민적 저항으로 임기도 채우지 못했다.

　탄핵 후폭풍에 힘입어 지난 5월 또다시 진보가 정권을 탈환했다. 그러나 문재인 진보정권은 국가 개혁의 세계적 흐름과는 정반대로 역주행을 거듭하고 있다.

　오늘날 우리 시대의 비전은 무엇이 되어야 하는가. 나는 〈지속가능한 복지국가〉가 대한민국의 비전이고 국가 개혁의 목표가 되어야 한다고 생각한다. 지속가능한 복지국가는 안정적으로 작동하도록 설계된 복지 시스템에 의해 모든 국민이 기본적인 삶을 차질 없이 보장받는 국가이다.

　지금 우리 국민은 다양한 형태의 불안에 시달리고 있다. 청소년 세대는 과도한 교육 경쟁의 고통에 시달리고 있다. 청년 세대는 실업 불안에, 중장년 세대는 조기 실직의 불안에, 노년 세대는 노후의 삶에 대한 불안에 시달리고 있다.

　사정이 이렇다 보니 젊은이들은 스스로를 연애와 결혼과 출산을 아예 포기한 3포 세대로 부르고 있다. 이처럼 온 국민들이 전 생애에 걸쳐 불안에 시달리고 있는 것이 오늘날의 현실이다.

　이러한 불안으로부터 국민들을 자유롭게 하여 인간다운 삶을 누리도록 하자는 것이 〈지속가능한 복지국가〉 비전이다. 이를 위해 우리는 국가 재정의 현실적 제약을 솔직히 인정해야 한다. 복지만을 위한 복지 시스템이 아니라 일자리가 지속적으로 창출될 수 있는 효과적인 복지 시스템을 짜야 한다. 이를 통해 국가 시스템 전체가 지속가능하도록 하는 것이 우리의 목표가 되어야 한다.

문재인 정권은 누구보다 복지에 대해 강한 집념을 보이고 있다. 그러나 그들은 재정적 제약에 대해서는 말하지 않는다. 더구나 소득주도성장으로는 일자리 창출이 난망하다. 복지와 일자리의 연결고리가 없다면 아무리 재정을 투입해도 복지 시스템은 지속가능할 수 없다. 이런 상태를 지속가능하게 할 재정 능력을 갖춘 나라는 세계 어디에도 없다.

한편 보수의 핵심 가치는 성장이었다. 그러나 우리도 이제 대기업 중심의 수출주도성장만으로 버티기는 힘들다. 더구나 70년대식 고도성장 자체가 불가능하다.

새로운 시대의 도래를 도외시한 채 여전히 성장 신화에 매몰되어 있는 보수, 복지가 중요하다고 부르짖지만 지속가능한 국가 시스템 설계를 외면하고 있는 진보, 그 어느 쪽도 이 시대를 감당할 수 없다. 〈지속가능한 복지국가〉야말로 우리가 추구해야 할 우리 시대의 비전이다.

(2) 우리 시대의 대안은 〈혁신주도성장론〉이다

20세기 전후前後 시대는 한마디로 팽창적인 경제 발전 시대였다. 당시에는 경제 활황으로 인해 정부 지출 확대가 가능했고 복지 시스템을 감당할 수 있었다. 하지만 지난 세기 말부터 세계 경제는 팽창을 멈추고 저성장에 접어들었다. 20세기식 복지 제도는 더 이상 지속가능하지 않게 되었다. 이제는 복지도 전반적인 사회·경제 등 전체 국가 시스템 안에서 균형적으로 다뤄져야 한다.

오늘날 세계 경제는 만성적인 저성장에 빠졌다. 급격한 기술 진보와 글로벌 경쟁 심화로 승자독식구조도 확대되고 있다. 애플은 세계 스마트폰 시장의 전체 영업이익 가운데 80% 이상을 독식한다. 이처럼 산업 생태계의 패러다임이 근본적으로 변화했다.

<산업 생태계 변화>

구 경제	신 경제
투자주도	혁신주도
대량생산	유연생산
수직계열화	수평적 분업
기술진보	기하급수적 기술진보
세계화	단일시장

지금은 시장과 기술의 변화 속도에 적응하는 것이 생존과 발전의 제1조건이다. 이에 따라 '투자주도의 대량생산 체제'에서 '혁신주도의 유연생산 체계'로 전환이 불가피하다. 이를 통해 시시각각 변화하는 다양한 수요에 대응하여 최적화된 상품을 신속하게 제공할 수 있어야 한다. 이때 비로소 경쟁 우위를 확보하게 된다. 이를 위해 지속적인 기술 혁신이 절대적으로 필요하다. 이러한 공급 혁신 없이는 지속적인 성장도 양질의 일자리 창출도 불가능하다. 성장과 일자리 없이 견뎌낼 복지 시스템은 이 세상에 어디에도 없다. 우리가 공급 혁신에 사활을 걸어야 하는 이유이다.

그럼에도 문재인 정권은 소득주도성장을 주창하고 있다. 이것은 공급 혁신을 외면하고 수요 창출에 목을 매는 전략이다. 그들은 임금 인상-소비 증가-투자 증가-경제 성장을 기대한다. 그러나 공급과 생산성 향상 없이 임금만 올리면 생산 비용 증가과 투자 감소로 이어질 가능성이 더 크다. 특히 수출 의존도가 높은 우리나라에서 임금 인상의 부작용은 더욱 클 수밖에 없다.

따라서 대한민국의 국가 개혁 목표는 혁신주도성장을 통해 지속가능한 복지국가 건설이 되어야 한다. 그것은 분명 보수정권이 개발연대에 주창했던 전략과도 다르고 지금의 문재인 정권의 전략과도 다르다. 그 차이를 도식화해 보면, 우리가 나아갈 방

우리가 나아가야 할 방향

구분	구보수	진보	우리가 나아갈 방향
성장:분배	성장 중시	분배 중시	혁신 중시 (성장·분배 결합)
성장론	**수출주도성장**	**소득주도성장** **(수요중시)**	**혁신주도성장** **(공급중시)**
산업정책	국가주도전략	국가주의	시장자율
노동정책	노사안정 중시	노동유연화 반대	노동시장 유연화
복지정책	선별적 복지	보편적 복지	근로연계복지

향이 더욱 분명하게 드러난다.

(3) 70년대식 보수와 80년대식 진보를 넘어서야 한다

보수는 개발연대에 국가주도주의라는 발전 전략을 선택했다. 한때 이 전략은 커다란 성공을 거둔 것도 사실이다. 그러나 오늘날 혁신주도성장 시대를 맞아 70년대식 보수의 전략은 더 이상 유효하지 않다.

그럼에도 불구하고 보수는 여전히 개발연대의 미몽에 사로잡혀 있다. 여전히 성장 신화를 버리지 못하고 있다. 어떠한 생명체이든 변화에 적응하지 못하면 도태된다. 그것이 오늘날 구보수가 자초한 자신들의 처지이다.

새로 집권 세력이 된 진보는 80년대 운동권의 시대착오적 이념에 사로잡혀 세계적 흐름에 역주행을 거듭하고 있다. 보수가 70년대식에 미련을 갖듯이, 진보의 시선은 80년대에 고정돼 있다. 그들은 몸은 21세기를 살면서 정신은 70, 80년대에 머물러 있다. 이들은 진화를 거부한 시대적 쌍생아라 할 만하다.

지금 진보는 권력을 통해 시장을 제압하려고 한다. 그러나 오늘날 대한민국은 60, 70년대 대한민국이 아니다. 머지않아 시장의 반발에 직면하게 될 것이다. 결국 권력은 시장을 이길 수 없다. 유감스럽게도 그런 과정에서 나라는 피멍이 들 것이다. 진보가 보수처럼 길을 잃는 일은 이미 정해진 것이나 다름없다.

국가는 불필요한 시장 개입을 중지해야 한다. 그리고 혁신 생태계를 조성하고 공정하게 관리하는 데 그 역할을 한정해야 한다. 반면 과감한 노동 개혁을 통해 혁신을 뒷받침하되, 사회안전망을 재구축하여 일시적 패배자(실직자)에게 재도전의 기회를 보장하고 낙오자를 보살펴야 한다.

혁신 따로, 일자리 따로, 복지 따로 굴러갈 수 없다. 이것들이 서로 맞물려 선순환되고 지속가능하도록 국가 시스템을 전면적으로 새로 짜야 한다. 혁신주도성장을 기반으로 지속가능한 복지국가를 건설하는 것이 우리의 목표가 돼야 한다. 이것은 70년대식 보수나 80년대식 진보가 결코 할 수 없는 일이다. 이것이 바로 우리가 보수와 진보를 넘어 새로운 응전에 나서야 하는 이유이다.

요약컨대 우리의 비전은 혁신주도성장을 통한 지속가능한 복지국가 건설이어야 한다. 이것은 보수·진보를 뛰어넘어 대한민국이 생존·발전하기 위해 도저히 거스를 수 없는 절박한 시대적 과제이다. 그렇다면 이 비전을 달성하기 위해 우리가 당장 착수해야 할 일은 무엇일까. 이제부터 우리에게 당면한 과제를 하나하나 살펴보려고 한다.

2. 국가 개혁 방향

(1) 노동시장 이중구조 개혁 : '정규직화'가 아니라 '중위평준화'로 나아가자

지금 선진국들은 기업이 노동, 자본, 토지 등의 생산 요소를 자유롭게 결합하여 혁신을 일으킬 수 있는 여건 마련에 총력을 기울이고 있다. 노동 개혁을 통해 노동시장의 유연성을 확보하고 규제 혁파를 통해 자본과 토지의 자유로운 이용을 겨냥하고 있다.

오늘날 글로벌화의 심화로 인해 세계 경제는 공조화 현상을 보인다. 지금 우리나라도 대략 선진국과 비슷한 문제에 시달리고 있다. 노동시장의 이중구조, 저성장의 고착화, 양극화 심화가 그것이다. 다만 그 배경이나 양상이 다소 다를 뿐이다.

노동시장의 이중구조는 불가피하게 노동의 경직성을 초래한다. 우리나라의 경우 민주화 요구의 분출로 인해 근로자의 권익이 강화되었다. 그러나 민주화의 과실은 일부 조직 근로자에게만 집중되었다. 이로 인해 노동시장은 과잉보호된 소수와 과소보호된 다수로 이중구조화 되었다.

사람들은 일부 과잉보호된 공공기관, 대기업, 일부 전문직종 등으로 몰렸다. 그 안에 들어간 사람들은 자신들의 권익을 키우는 한편 다른 사람들의 진입을 막는 투쟁에 골몰할 수밖에 없다. 이런 투쟁이 되풀이되면서 노동시장의 이중구조는 점점 공고화되고 노동시장의 경직성은 점점 강도가 높아졌다.

그 결과는 동일노동-차별임금으로 나타났다. 노동의 질로 임금이 결정되지 않고 소속에 따라 임금이 결정되었다. 이는 누군가는 일한 것보다 더 가져가고 누군가는 덜 가져간다는 뜻이다. 실제로 상위 10%가 근로소득의 거의 50%를 가져가는 분배 왜곡을 일으키고 있다.

또한, 노동의 경직성은 기업의 자유로운 생산 요소 결합을 저해한다. 이는 기업 경쟁력을 떨어뜨리는 핵심 요인이다.

노동시장의 이중구조는 양극화의 심화와 저성장의 고착화에도 커다란 영향을 미친다. 따라서 우리 경제가 다시 도약하고 우리 사회가 좀 더 정의로운 사회가 되기 위해 노동시장의 이중구조는 반드시 해결해야 할 과제이다.

노동시장 이중구조의 원인과 결과에 비추어 개혁의 방향은 분명하다. 물론 모든 근로자의 처우를 대기업과 공공부문 정규직 수준으로 보장해 주면 가장 좋다. 그러나 그것은 실현 불가능하다. 모든 근로자가 일한 것보다 더 가져가는 상황은 유지불가능하다.

그럼에도 불구하고 문재인 정권은 '비정규직은 자본의 탐욕이 만든 악이므로 제거해야 한다'고 주장한다. 그 방식은 전면적인 정규직 전환을 통해 비정규직을 없애는 것이다. 무슨 수로 모든 근로자가 일한 것보다 더 많이 가져가게 한다는 것인지 알 수 없다. 현 노동시장의 이중구조를 놔둔 채 모든 근로자를 정규직으로 만들겠다는 것은 허울 좋은 꿈이요 감성적 선동일 뿐이다.

특히 지금 문제인 정권이 진행하고 있는 전면적인 공공부문 정규직 전환은 돌이킬 수 없는 후유증을 남길 게 분명하다.

나는 노동시장 이중구조 개혁을 위한 바람직한 방향으로 모든 근로자의 '정규직화'가 아니라 '중위평준화'를 제안한다.

지금 시급하게 필요한 것은 정규직화가 아니라 노동시장의 왜곡을 바로잡는 것, 노동시장 이중구조를 개혁하는 것이다. 대기업 및 공공부문과 중소기업의 차이를 줄이는 데 초점을 맞추어야 한다. 그리고 정규직과 비정규직의 차이를 줄이고 궁극적으로 차이를 없애는 방향으로 나아가야 한다.

이를 통해 동일노동-차별임금을 바로잡아야 한다. 궁극적으로 모든 근로자가 일한 것만큼 가져가는 동일노동-동일임금 노동시장을 만들어야 한다. 이는 현실적으로 불가피하게 '중위평준화'를 지향하게 된다.

모두가 최상의 삶을 살 수 없다면 기준을 조금 낮춰 혜택을 비교적 골고루 나누는 것이 바로 개혁이다. 이를 통해 노동시장의 분배 왜곡을 바로잡아야 사회 정의도 실현될 수 있다. 또한 유연해진 노동을 활용하여 기업의 경쟁력이 높아져 더 많은 일자리가 창출될 수 있다. 이처럼 노동 개혁이야말로 사회정의의 실현일 뿐만 아니라 경제의 선순환의 핵심 고리라고 볼 수 있다.

지금 선진국들은 기업 혁신을 촉진하여 양극화와 저성장의 늪을 돌파하려고 하고 있다. 기업이 생산 요소를 자유롭게 결합하여 혁신을 일으키고, 이를 바탕으로 신성장 동력을 확보케 하자는 것이다. 우리에게도 이 방법밖에 없다. 더구나 수출로 먹고 사는 대한민국임을 생각할 때 이런 세계적인 흐름을 거스르고선 결코 생존할 수 없을 것이다.

(2) 사회안전망 재구축 : 중부담 중복지를 목표로
조세개편, 재정개혁, 규제혁파, 복지체계개편을 추진하자

노동시장을 개혁하면 노동시장이 유연해진다. 이에 따라 불가피하게 근로자의 지위가 열악해질 우려가 있다. 이를 대비하여 일시적으로 실직한 사람들에 대해 충분한 실업수당을 제공하고 효과적인 직업교육과 직업알선 프로그램을 제공하는 사회안전망 재구축이 반드시 필요하다.

사회안전망 재구축을 위해서는 천문학적인 재원이 필요하다. 지금까지 역대 정권들은 한결같이 '재정을 절약해서' 충당하겠다고 선전해왔다. 문재인 정권도 예외가 아니다.

그러나 전면적인 사회안전망 재구축은 '재정을 절약해서' 충당할 만한 수준이 결코 아니다. 획기적인 재정 확보 방안, 즉 증세가 없으면 불가능한 일이다. 그럼에도 불구하고 어느 정권도 증세 카드를 쉽사리 뽑아 들지 못했다. 증세는 정치적으로 엄청난 부담이다. 실로 대담한 개혁 의지를 갖지 않고는 섣불리 증세를 꺼낼 수 없는 노릇이다.

우리나라는 오랫동안 '저부담 저복지'를 고수했다. 그러다가 최근에 떠밀리다시피 하나둘 복지를 강화하고 있다. 이미 우리나라의 복지는 땜질식으로 '중복지'를 향해 가고 있다. 하지만 '저부담 중복지'를 계속 유지할 방법은 어디에도 없다.

더 이상 땜질식 누더기 복지를 해선 안 된다. 벌써 이런 복지 시스템의 왜곡은 나라 재정을 압박하고 있다.

나는 노동시장 이중구조 개혁과 동시에 반드시 필요한 사회 안전망 재구축을 위해 '중부담 중복지'를 목표로 조세 개편, 재정 개혁, 규제 혁파, 복지 체계 개편 추진을 제안한다.

이제 정부는 중부담 중복지를 향한 대담한 개혁 프로그램을 제시하고 국민의 동의를 새로 구해야 한다. 국민들의 기본적인 삶을 차질 없이 지켜 나갈 구체적 프로그램을 제시하고 국민들에게 지금보다 더 많은 세금을 정중하게 요구해야 한다. 하루빨리 이를 공론화하여 사회적인 합의를 이끌어내야 한다. 이것이야말로 나라의 틀을 새로 짜는 국가 개혁의 본모습이다.

그렇다면 국민의 중부담은 어떻게 실현해야 하는가. 한시적이고 단편적인 증세로는 곤란하다. 현재 문재인 정권이 추진하는 법인세 인상과 고소득층 소득세 인상으로는 족탈불급足脫不及이다. 더구나 이런 포퓰리즘적 증세는 다양한 부작용을 불러일으킬 가능성이 높다.

결국 국민개세國民皆稅 방향으로 나아가야 한다. '넓은 세원, 낮은 세율'을 원칙으로 가급적 모든 국민이 적든 많든 세금을 내도록 해야 한다. 그것이 세수 효과도 크고 또한 세금에 대한 국민 의식을 새롭게 할 수 있다.

현재 근로자의 48%가 면세자이다. 상당수의 중소기업이 다양한 이유로 법인세 감면 대상이다. 낮은 세율일지언정 소득 있는 모든 국민, 수익 있는 모든 기업이 세금을 내도록 정중하게 요청해야 한다.

또한 중복지를 위해 일정 수준의 소비세 인상도 추진해야 한다. 현재 OECD 평균 소비세율은 19%에 달한다. 이에 비해 우리나라는 매우 낮은 편(10%)이다.

하지만 법인세 인상은 가장 마지막 순서로 추진하는 것이 필요하다. 법인세에는 일종의 제로섬 게임 논리가 관철된다. 법인세를 올리면 처음 2, 3년은 세수가 늘어난다. 그러나 그 사이에 기업들은 이에 대해 대비를 하게 된다. 법인세는 한마디로 부를 생산한 곳에 내는 세금이다. 국내 기업이든 해외 기업이든 기존 기업은 해외로 나가려고 하고, 새로운 기업은 들어오려고 하지 않는다. 법인세 인상은 2, 3년 후부터 오히려 총세수의 저하로 연결될 가능성이 높다.

오늘날 세계 각국은 법인세를 경쟁적으로 인하하고 있다. 그럼에도 불구하고 문재인 정부는 법인세를 마치 '있는 자'에게 물리는 부유세로 착각하고 있는 듯하다. 경제를 시장 원리로 보지 않고 이념적으로 오해한 결과이다.

    법인세를 통해 총세수를 늘리기 위해서는 기업 인프라 개선이 최선의 방법이다. 기업 인프라 개선의 핵심은 노동시장 이중구조 개혁과 규제 혁파이다. 이를 통해 국내의 기존 기업들에게 신규 투자의 유인을 제공하는 한편 해외 기업들이 국내에 투자할 수 있는 매력을 증가시켜야 한다.

    '중복지'란 사회 평균 수준으로 사는 것을 의미한다. 중복지는 두 가지 방향으로 설계되는 것이 바람직하다. 첫째로 노동시장에서 일시적으로 패배자가 된 사람들에게 충분한 지원을 할 수 있는 대책을 마련하고, 둘째로 복지 사각지대를 없애는 방향으로 대책을 마련하는 것이다. 특히 복지 사각지대를 없애기 위해서는 필요한 곳에 재원을 집중하는 복지 정책의 방향 전환이 필요하다. 무차별 복지는 정작 복지가 꼭 필요한 곳에 덜 지원되는 상황을 야기한다.

    살아가면서 일시적 어려움을 겪는 상황이나 가난과 질병 등의 이유로 최소한의 인간적인 삶을 영위할 수 없는 상황에서 국가가 이들을 반드시 책임지겠다는 약속과 실천이 바로 중복지의 요체다.

(3) 국가 개혁 추진 방법론 : 개별적 추진이 아닌 패키지딜package deal로 시행하자

지금 대한민국이 처한 가장 큰 난제는 노동시장 이중구조, 저성장 고착화, 양극화 심화다.

따라서 국가 개혁의 기본 방향은 노동시장 이중구조를 개혁하고, 기업의 혁신을 촉진해 저성장 기조를 해결하여 양극화를 완화하는 것이다. 노동시장 이중구조 개혁에는 반드시 사회안전망 재구축이 병행되어야 한다. 기업의 혁신을 촉진하기 위해서는 규제 혁파가 필수적이다.

사회안전망 재구축은 중부담 중복지 기조하에 설계되어야 한다. 규제 혁파는 공공부문의 혁신 위에 이루어진다. 이를 위해 조세 개편, 재정 개혁, 공공부문 개혁, 복지 체계 개편을 추진해야 한다.

정부는 국민들이 충분히 납득할 만한 개혁 청사진을 내놓아야 한다. 특히 먼저 정부가 할 일부터 해야 한다.

우선 정부는 재정 개혁에 나서야 한다. 재정 개혁의 핵심은 무엇보다 공공부문의 축소이다. 방만한 기구나 인원을 없애고 시대에 맞지 않는 호봉제와 연금 제도를 개혁해야 한다. 민간 부문에 비해 지나치게 높은 공공부문의 임금 체계도 대폭 손질해야 한다. 이를 통해 국민의 지지를 모으고 민간부문에 표준을 제시해야 한다. 스스로 희생하지 않는 정부는 국민의 희생(증부담)을 요구할 자격이 없다.

다음으로 규제 혁파에 나서야 한다. 쓸데없는 규제 권력을 내려놓아야 한다. 노동시장 이중구조를 개혁하고 규제 혁파를 통해 자본과 토지의 이용이 용이해지면 기업은 생산 요소를 자유롭게 결합하여 혁신에 나설 것이다. 정부가 환경만 조성해 주면 나머지는 기업이 알아서 할 일이다. 정부가 혁신에 앞장서겠다는 따위의 어리석은 짓은 그만두어야 한다.

국가 개혁은 전체 국민과 모든 집단의 첨예한 이해관계를 다루는 종합적인 과정이다. 단순히 이해나 설득만으로 부족하다. 따라서 국가개혁은 패키지딜 형식의 종합적 접근을 통해 이해당사자들이 희생을 공유하며 윈윈 할 수 있도록 정교하게 설계되어야 한다.

그러나 충분한 재원이 마련되지 않으면 모든 것이 모래성 쌓기이다. 이제 정부와 정치권은 증부담 증복지 문제를 테이블 위에 올려놓고 솔직하게 논의해야 한다. 늦추거나 숨긴다고 해결될 문제가 결코 아니다. 이것은 국가의 틀을 새롭게 짜는 매우 중차대한 일이다.

세계 각국이 경쟁적으로 벌이고 있는 국가개혁의 방향도 다르지 않다. 노동시장을 어떻게 유연하게 만드느냐, 그에 따라 사회안전망을 어떻게 정비하느냐, 국가재정을 어떻게 효과적으로 운용하느냐의 문제가 국가 개혁의 핵심 주제이다. 대부분의 성공한 개혁 사례는 이런 일련의 과제들을 패키지 형태로 종합적으로 다루고 있다. 이를 통해 이해 당사자들의 이해를 조정하고 희생을 공유하고 상생의 방안을 모색한다. 독일의 하르츠 개혁이 대표적이다. 최근에 프랑스 마크롱의 개혁안도 마찬가지이다.

반면 실패한 개혁 사례는 특정한 집단만을 상대로 단편적이고 편파적인 조치를 취한다. 이는 국가 경제를 더욱 왜곡시키고 광범위한 국민 지지를 받아내기 어렵다. 자칫 포퓰리즘으로 흘러 시장경제를 망치고 비즈니스 활력을 고갈시킨다.

유감스럽게도 문재인 정권의 정책은 단편적이고 편파적이다. 공공일자리 확대, 전면적인 비정규직의 정규직 전환, 최고 수준의 최저임금 인상, 임금 감소 없는 근로시간 단축, 광주형 일자리 같은 사회적 일자리 확대, 법인세 인상, 고소득층 소득세 인상, 소득주도성장 등은 지금 대한민국이 당면한 문제를 해결할 수 없을 것이다. 아니 문제를 더 어렵게 만들 것이다.

글을 맺으며

문재인 정권의 폭주는 저지되어야 한다

그간 수많은 나라를 파탄으로 내몬 유령이 21세기 대한민국을 엄습하고 있다. 그것의 정체는 바로 문재인 정권의 국가주의 포퓰리즘 독재이다. 국가주의 포퓰리즘 정책은 일단 실행되면 돌이키기에는 너무 큰 희생을 치러야 하거나 돌이킬 수 없다.

대한민국은 자유민주주와 시장경제를 근간으로 하는 민주공화국이다. 자유민주주의는 법과 제도로 통치되며, 시장경제는 민간자율로 작동된다.

그러나 문재인 정권은 국가 권력으로 모든 것을 좌우하려고 한다. 권력이 모든 국가 기구와 모든 국가 자원을 움켜쥐고 자신들의 시대착오적인 신념을 실현하려고 한다. 이미 망해버린 사회주의 국가들의 중앙집권 계획경제의 망령이 떠오른다. 국가주의 포퓰리즘의 폐해가 얼마나 심각한지는 역사가 말해주고 있다.

안타깝게도 상당수의 국가주의 포퓰리즘 정책은 당장은 박수와 환호를 받는다. 문재인 정권은 이미 국가주의 포퓰리즘의 독배를 손에 들었다. 탄핵의 후폭풍과 야권의 지리멸렬 틈새를 비집고 국가주의 포퓰리즘 정책을 강행하고 있다. 그럼에도 불구하고 모두들 문제점만 지적할 뿐 뒷짐만 지고 있다.

다시 한 번 말하고 싶다. 국가주의 포퓰리즘 정책은 일단 실행되면 돌이키기에는 너무 큰 희생을 치러야 하거나 돌이킬 수 없다.

지금 우리에게는 잠시도 머뭇거릴 시간이 없다. 문재인 정권의 국가주의 포퓰리즘 독재를 지금 여기서 저지시켜야 한다.

야당 정치권은 서로의 차이를 접고 문재인 정권의 국가주의 포퓰리즘 독재 저지에 함께 나서야 할 때이다. 그것이 이 시대에 정치하는 자의 소명이라 믿어 의심치 않는다.

부록
2017년 추경예산안 본회의 반대토론 전문

2017년 추경예산안 본회의 반대토론 전문 (2017.7.22.)

"국민세금으로 공무원 늘리는 추경 예산안 부결되어야."

 오늘 이 추경예산안이 통과되면 대한민국은 걷잡을 수 없이 '포퓰리즘의 늪'으로 빠져들 것입니다.
 지금 대한민국은 어렵습니다. 그러나 아무리 힘들어도 국가가 할 일이 있고 해선 안 될 일이 있습니다.
 문재인 대통령에게 묻습니다.
 노량진 공시촌에 모인 수많은 청년들에게, 휴학을 거듭하고 졸업을 늦춰가면서 좁은 취업 관문을 뚫고자 하는 학생들에게 공무원을 늘리겠다는 것이 정녕 대한민국의 대답이어야 합니까?
 문재인 대통령은 말합니다.
 지금은 비상 상황이니 소득주도성장을 해야 한다 말합니다. 국민들 소득을 높여서 경제 활성화를 해야 한다 말합니다.
 지금은 장기 처방이 아니라 단기 처방이 필요하다고 말합니다. 그래서 공무원을 무조건 80만 명 늘리겠답니다. 비정규직을 무조건 정규직으로 전환시키겠답니다. 최저임금을 무조건 올리겠답니다.
 이러면 가계 소득이 올라 소비가 늘고 소비가 늘면 기업 생산이 늘고 그러면 기업이 고용을 늘리고 그러면 경제가 좋아진

답니다.

정말 꿈같은 얘기입니다.

그렇다면 왜 세계 각국은 이 방법을 당장 시행하지 않을까요?

사실상 문재인식 소득주도성장은 경기 침체를 완화하는 단기 처방도 못 됩니다.

점점 더 수렁으로 빠져 영원히 되돌아올 수 없는 처방에 불과합니다.

문재인식 처방은 상황이 바뀌더라도 경제가 정상 궤도로 돌아올 수 없습니다.

케인즈는 말합니다. 수요 부족인 비상 상황이 종료되면 다시 정상 궤도인 시장으로 돌아가야 한다고 말합니다.

그러나 한번 늘린 공무원을 줄일 수 있습니까?

이미 전환된 정규직을 시장 상황에 따라 비정규직으로 바꿀 수 있습니까?

오르기 시작한 최저임금을 경제 상황에 따라 탄력적으로 조정할 수 있습니까?

단연코 못합니다. 아니 더 늘어나고 더 올라갈 수밖에 없습니다.

그럼 이 돈을 누가 냅니까?

결국 나라 빚을 내거나 국민 세금을 걷어야 합니다.

그리스를 보지 않았습니까? 좌파든 우파든 집권하면 공무원을 늘렸습니다.

어떤 경우에도 잘리지 않고 은퇴하면 죽을 때까지 최고 수준의 연금이 나오는 공무원 숫자를 늘리는 데 싫어할 국민이 누가 있습니까?

지금 그리스가 겪고 있는 국민적 고통과 국가적 치욕이 보이지 않습니까?

많은 사람들이 프랑스 마크롱 대통령을 얘기합니다.

지금 프랑스는 저성장과 청년 실업으로 고통받고 있습니다.

그렇다면 압도적인 지지를 받는 마크롱 대통령이 추진하는 경제 살리기는 문재인식 소득주도성장일까요?

무조건 공무원 늘리고, 무조건 정규직 전환하고, 무조건 최저임금 올리는 방식일까요?

천만의 말씀입니다.

양극화와 저성장의 늪에서 빠져나오기 위해 고통스럽지만 공공 개혁, 노동 개혁, 복지 개혁에 나섰던 독일과 영국의 모델을 따르고 있습니다.

한 가지 분명하게 지적할 게 있습니다.

비정규직 차별 문제입니다.

비정규직이라고 신분상 보장은커녕 임금 격차가 엄청나고 인간적 차별도 심한 것은 진짜 문제입니다.

이 문제 반드시 해결해야 합니다.

그러나 무차별적인 정규직화가 아니라 정규직과 비정규직의 임금 격차 해소가 올바른 방법입니다.

그럼 임금 격차를 어떻게 해소할까요?

물론 기업도 어느 정도 고통을 감수해야겠지만 근본적인 방법은 정규직의 무한대 보호 장벽을 걷어내는 것입니다.

무릇 세상일이 그렇듯이 나라든 기업이든 어떻게 좋은 시절만 있을 수 있습니까?

좋은 시절에는 고용도 늘리고 임금도 높게 주지만 나쁜 시절에는 불가피하게 고용을 줄이고 임금도 낮춰야 하지 않겠습니까?

이것을 기업이 제대로 못하게 하는 것이 시장경제이고 자유민주주의입니까?

문재인 정부는 증세를 하겠다고 합니다.

좋습니다. 필요한 복지를 확대하기 위해서 증세합시다.

그러나 반드시 세 가지 전제 조건이 있습니다.

첫째, 낮은 세율과 넓은 세원을 근간으로 경제를 활성화시켜 자연적으로 총세수가 늘도록 할 것.

둘째, 정부는 필사적으로 공공부문을 축소하여 재정을 확보하고 규제를 혁파하여 민간을 활성화시킬 것.

셋째, 필연적으로 생기는 실업에 대해 정부는 이들의 생계를 최대한 책임지고 직업훈련을 통해 다시 일터로 복귀시키는 복지 체계를 짤 것.

즉, 세금을 올려 할 일은 공무원을 늘리는 것이 아닙니다. 공무원을 줄이고 규제를 혁파하고 민간을 활성화하고 실업에 대한 안전망을 짜는 일입니다.

김동연 경제부총리를 보면서 실망을 넘어 서글픔을 느낍니다.

소득주도성장이 아니라 혁신성장이 답이라고, 그 중심에는 정부의 혁신이 최우선되어야 한다는 소신은 어디 갔는지 묻고 싶습니다. 정부는 필사적으로 공공부문을 줄이고 규제를 혁파하고 민간을 활성화하면서 재정건전성을 최우선으로 해야 한다는 그 소신 말입니다.

누구도 가보지 않은 길, 한 번도 증명되지 않는 소득주도성장론자들이 이 정권에 가득할 때 김동연 부총리라면 방파제 역할을 할 것이라 믿었는데 슬픕니다.

마지막으로 말씀드립니다.

이번 예산이 통과되어 문재인식 소득주도성장의 물꼬가 터지면 결코 되돌아올 수 없을 것입니다.

그 모든 고통은 우리 젊은 세대가 질 것입니다.

그 책임은 오늘 이 본의회장에 앉아 있던 20대 국회의원들의 몫이 될 것입니다.

문재인 포퓰리즘

발행일 : 제1판 제1쇄 2017년 8월 28일
지은이 : 김용태
발행인 : 이연대
편집 : 허설
디자인 : 이주미
펴낸곳 : 다이얼 _ 서울시 종로구 평창30길 15 2층
전화 : 02 396 6266 팩스 : 070 8627 6266
출판등록 : 2017년 8월 14일 제300 2017 110호
ISBN : 979 11 86984 19 2

이 책 내용의 전부 또는 일부를 재사용하려면
반드시 저작권자와 다이얼 양측의 동의를 받아야 합니다.
책값은 뒤표지에 표시되어 있습니다.